DA ESCURIDÃO AO DOMÍNIO: 40 dias para se libertar das garras ocultas da escuridão

Um Devocional Global de Consciência, Libertação e Poder

Para indivíduos, famílias e nações prontas para serem livres

Por

Zacharias Godseagle; Ambassador Monday O. Ogbe and Comfort Ladi Ogbe

Sumário

Sobre o livro – DA ESCURIDÃO AO DOMÍNIO 1
Texto da contracapa 4
Promoção de mídia de um parágrafo (imprensa/e-mail/sinopse publicitária) 5
Dedicação 7
Agradecimentos 8
Ao leitor 9
Como usar este livro 11
Prefácio 14
Prefácio 16
Introdução 17
CAPÍTULO 1: ORIGENS DO REINO DAS TREVAS 20
CAPÍTULO 2: COMO O REINO DAS TREVAS OPERA HOJE 23
CAPÍTULO 3: PONTOS DE ENTRADA – COMO AS PESSOAS FICAM FIXADAS 26
CAPÍTULO 4: MANIFESTAÇÕES – DA POSSESSÃO À OBSESSÃO 28
CAPÍTULO 5: O PODER DA PALAVRA – A AUTORIDADE DOS CRENTES 30
DIA 1: LINHAS DE SANGUE E PORTÕES — QUEBRANDO CADEIAS FAMILIARES 33
DIA 2: INVASÕES DOS SONHOS — QUANDO A NOITE SE TORNA UM CAMPO DE BATALHA 36
DIA 3: CÔNJUGE ESPIRITUAL — UNIÕES PROFANAS QUE UNEM DESTINOS 39
DIA 4: OBJETOS AMALDIÇOADOS – PORTAS QUE PROFILIFICAM 42
DIA 5: ENCANTADO E ENGANADO — LIBERTANDO-SE DO ESPÍRITO DE ADIVINHAÇÃO 45
DIA 6: PORTÕES DO OLHO – FECHANDO OS PORTAIS DA ESCURIDÃO 48
DIA 7: O PODER POR TRÁS DOS NOMES — RENUNCIANDO ÀS IDENTIDADES PROFANAS 51

DIA 8: DESMASCARANDO A FALSA LUZ — ARMADILHAS DA NOVA ERA E ENGANOS ANGÉLICOS 54

DIA 9: O ALTAR DE SANGUE — ALIANÇAS QUE EXIGEM UMA VIDA 57

DIA 10: ESTERILIDADE E QUEBRA — QUANDO O ÚTERO SE TORNA UM CAMPO DE BATALHA 60

DIA 11: DOENÇAS AUTOIMUNES E FADIGA CRÔNICA — A GUERRA INVISÍVEL INTERIOR 63

DIA 12: EPILEPSIA E TORMENTO MENTAL — QUANDO A MENTE SE TORNA UM CAMPO DE BATALHA 66

DIA 13: ESPÍRITO DO MEDO — QUEBRANDO A GAIOLA DO TORMENTO INVISÍVEL 69

DIA 14: MARCAS SATÂNICAS — APAGANDO A MARCA PROFANA 72

DIA 15: O REINO DO ESPELHO — ESCAPAR DA PRISÃO DAS REFLEXÕES 75

DIA 16: QUEBRANDO O LAÇO DAS MALDIÇÕES DAS PALAVRAS — REIVINDICANDO SEU NOME, SEU FUTURO 78

DIA 17: LIBERTAÇÃO DO CONTROLE E DA MANIPULAÇÃO 82

DIA 18: QUEBRANDO O PODER DA FALTA DE PERDÃO E DA AMARGURA 85

DIA 19: CURA DA VERGONHA E DA CONDENAÇÃO 88

DIA 20: BRUXARIA DOMÉSTICA — QUANDO A ESCURIDÃO MORA SOB O MESMO TETO 91

DIA 21: O ESPÍRITO DE JEZEBEL — SEDUÇÃO, CONTROLE E MANIPULAÇÃO RELIGIOSA 94

DIA 22: PÍTONS E ORAÇÕES — QUEBRANDO O ESPÍRITO DE CONSTRIÇÃO 98

DIA 23: TRONOS DA INIQUIDADE — DERRUBANDO FORTALEZAS TERRITORIAIS 101

DIA 24: FRAGMENTOS DE ALMA — QUANDO PARTES DE VOCÊ ESTÃO FALTANDO 104

DIA 25: A MALDIÇÃO DAS CRIANÇAS ESTRANHAS — QUANDO OS DESTINOS SÃO TROCADOS NO NASCIMENTO 107

DIA 26: ALTARES ESCONDIDOS DE PODER — LIBERTANDO-SE DOS PACTOS OCULTOS DA ELITE 111

DIA 27: ALIANÇAS PROFANAS — MAÇONARIA, ILLUMINATI E INFILTRAÇÃO ESPIRITUAL 114

DIA 28: CABALA, REDES ENERGÉTICAS E A ATRAÇÃO DA "LUZ" MÍSTICA 118

DIA 29: O VÉU ILLUMINATI — DESMASCARANDO AS REDES OCULTAS DE ELITE 121

DIA 30: AS ESCOLAS DE MISTÉRIOS — SEGREDOS ANTIGOS, SERVEDAGE MODERNA 124

DIA 31: CABALA, GEOMETRIA SAGRADA E ENGANO DA LUZ DE ELITE 128

DIA 3 2: O ESPÍRITO DA SERPENTE INTERIOR — QUANDO A LIBERTAÇÃO CHEGA TARDE DEMAIS 132

DIA 33: O ESPÍRITO DA SERPENTE INTERIOR — QUANDO A LIBERTAÇÃO CHEGA TARDE DEMAIS 136

DIA 34: MAÇONS, CÓDIGOS E MALDIÇÕES — Quando a Fraternidade se Torna Escravidão 140

DIA 35: BRUXAS NOS BANCOS — QUANDO O MAL ENTRA PELAS PORTAS DA IGREJA 144

DIA 36: FEITIÇOS CODIFICADOS — QUANDO MÚSICAS, MODA E FILMES SE TORNAM PORTAIS 148

DIA 37: OS ALTARES INVISÍVEIS DO PODER — MAÇONS, CABALA E ELITE OCULTA 152

DIA 38: ALIANÇAS DO ÚTERO E REINOS DAS ÁGUAS — QUANDO O DESTINO É PROFILIFICADO ANTES DO NASCIMENTO 156

DIA 39: BATIZADOS NAS ÁGUAS PARA A ESCRAVIDÃO — COMO CRIANÇAS, INICIAIS E ALIANÇAS INVISÍVEIS ABREM PORTAS 160

DIA 40: DE ENTREGUE A LIBERTADOR — SUA DOR É SUA ORDENAÇÃO 164

DECLARAÇÃO DIÁRIA DE LIBERTAÇÃO E DOMÍNIO DE 360° – Parte 1 167

DECLARAÇÃO DIÁRIA DE LIBERTAÇÃO E DOMÍNIO 360° – Parte 2 169
DECLARAÇÃO DIÁRIA DE LIBERTAÇÃO E DOMÍNIO 360° - Parte 3 173
CONCLUSÃO: DA SOBREVIVÊNCIA À FILIAÇÃO — PERMANECENDO LIVRE, VINDO LIVRE, LIBERTANDO OS OUTROS 177
    Como nascer de novo e começar uma nova vida com Cristo 180
    Meu Momento de Salvação 182
    Certificado de Nova Vida em Cristo 183
    CONECTE-SE COM OS MINISTÉRIOS GOD'S EAGLE 184
    LIVROS E RECURSOS RECOMENDADOS 186
    APÊNDICE 1: Oração para discernir bruxaria oculta, práticas ocultas ou altares estranhos na Igreja 200
    APÊNDICE 2: Protocolo de Renúncia e Limpeza da Mídia 201
    APÊNDICE 3: Maçonaria, Cabala, Kundalini, Bruxaria, Script de Renúncia Oculta 202
    APÊNDICE 4: Guia de Ativação do Óleo de Unção 203
    APÊNDICE 6: Recursos em vídeo com testemunhos para crescimento espiritual 204
    AVISO FINAL: Você não pode brincar com isso 205

Página de direitos autorais

DA ESCURIDÃO AO DOMÍNIO: 40 dias para se libertar das garras ocultas da escuridão – Um devocional global de conscientização, libertação e poder

Por Zacharias Godseagle , Comfort Ladi Ogbe e Embaixador Segunda-feira O. Ogbe

Copyright © 2025 por **Zacharias Godseagle e God's Eagle Ministrie** s – GEM

Todos os direitos reservados.

Nenhuma parte desta publicação pode ser reproduzida, armazenada em um sistema de recuperação ou transmitida de qualquer forma ou por qualquer meio — eletrônico, mecânico, fotocópia, gravação, digitalização ou outro — sem a permissão prévia por escrito dos editores, exceto no caso de citações breves incluídas em artigos ou resenhas críticas.

Este livro é uma obra de não ficção e ficção devocional. Alguns nomes e informações de identificação foram alterados para fins de privacidade, quando necessário.

As citações das escrituras foram retiradas de:

- *Tradução Nova Vida (NLT)* , © 1996, 2004, 2015 pela Tyndale House Foundation. Usado com permissão. Todos os direitos reservados.

Design de capa por GEM TEAM
Layout interno por GEM TEAM
Publicado por:
Zacharias Godseagle & God's Eagle Ministries – GEM
www.otakada.org [1] | ambassador@otakada.org
Primeira edição, 2025
Impresso nos Estados Unidos da América

1. http://www.otakada.org

Sobre o livro – DA ESCURIDÃO AO DOMÍNIO

DA ESCURIDÃO AO DOMÍNIO: 40 dias para se libertar das garras ocultas da escuridão - *Um devocional global de conscientização, libertação e poder - Para indivíduos, famílias e nações prontas para serem livres* não é apenas um devocional — é um encontro global de libertação de 40 dias para **presidentes, primeiros-ministros, pastores, obreiros da igreja, CEOs, pais, adolescentes e todos os crentes** que se recusam a viver em derrota silenciosa.

Este poderoso devocional de 40 dias aborda *a guerra espiritual, a libertação de altares ancestrais, a quebra de laços de alma, a exposição do ocultismo e testemunhos globais de ex-bruxas, ex-satanistas* e aqueles que superaram os poderes das trevas.

Quer você esteja **liderando um país**, **pastoreando uma igreja**, **administrando um negócio** ou **lutando por sua família no quarto de oração**, este livro irá expor o que está escondido, confrontar o que está ignorado e capacitá-lo a se libertar.

Um Devocional Global de 40 Dias de Conscientização, Libertação e Poder

Dentro destas páginas, você encontrará:

- Maldições de linhagem e pactos ancestrais
- Esposas espirituais, espíritos marinhos e manipulação astral
- Maçonaria, Cabala, despertares da kundalini e altares de bruxaria
- Dedicações de crianças, iniciações pré-natais e carregadores demoníacos
- Infiltração da mídia, trauma sexual e fragmentação da alma
- Sociedades secretas, IA demoníaca e falsos movimentos de

renascimento

Cada dia inclui:
- *Uma história real ou padrão global*
- *Visão baseada nas Escrituras*
- *Aplicações em grupo e pessoais*
- *Oração de libertação + diário de reflexão*

Este livro é para você se você:

- Um **presidente ou formulador de políticas** que busca clareza espiritual e proteção para sua nação
- Um **pastor, intercessor ou obreiro da igreja** lutando contra forças invisíveis que resistem ao crescimento e à pureza
- Um **CEO ou líder empresarial** enfrentando uma guerra e sabotagem inexplicáveis
- Um **adolescente ou estudante** atormentado por sonhos, tormentos ou ocorrências estranhas
- Um **pai ou responsável** percebendo padrões espirituais em sua linhagem
- Um **líder cristão** cansado de ciclos intermináveis de oração sem avanços
- Ou simplesmente um **crente pronto para passar da sobrevivência ao domínio vitorioso**

Por que este livro?

Porque numa época em que a escuridão veste a máscara da luz, **a libertação não é mais opcional** .

E **o poder pertence aos informados, aos equipados e aos rendidos** .

Escrito por Zacharias Godseagle , Embaixador Monday O. Ogbe e Comfort Ladi Ogbe , isso é mais do que apenas um ensinamento — é um **chamado global** para que a Igreja, a família e as nações se levantem e lutem — não com medo, mas com **sabedoria e autoridade** .

Você não pode discipular o que não entregou. E não pode andar em domínio até se libertar das garras da escuridão.

Quebre os ciclos. Enfrente o oculto. Retome o seu destino — um dia de cada vez.

Texto da contracapa

DA ESCURIDÃO AO DOMÍNIO
40 dias para se libertar das garras ocultas da escuridão
Um devocional global de conscientização, libertação e poder

Você é um **presidente**, um **pastor**, um **pai** ou um **crente em oração**, desesperado por liberdade e avanço duradouros?

Este não é apenas um devocional. É uma jornada global de 40 dias pelos campos de batalha invisíveis de **alianças ancestrais, escravidão oculta, espíritos marinhos, fragmentação da alma, infiltração da mídia e muito mais**. Cada dia revela testemunhos reais, manifestações globais e estratégias de libertação práticas.

Você descobrirá:

- Como os portões espirituais são abertos e como fechá-los
- As raízes ocultas do atraso repetido, do tormento e da escravidão
- Orações diárias poderosas, reflexões e aplicações em grupo
- Como caminhar em **domínio**, não apenas em libertação

De **altares de bruxaria** na África ao **engano da nova era** na América do Norte... de **sociedades secretas** na Europa a **pactos de sangue** na América Latina — **este livro expõe tudo**.

DARKNESS TO DOMINION é o seu roteiro para a liberdade, escrito para **pastores, líderes, famílias, adolescentes, profissionais, CEOs** e qualquer pessoa cansada de passar por guerras sem vitória.

"Você não pode discipular o que não entregou. E não pode andar em domínio até se libertar das garras da escuridão."

Promoção de mídia de um parágrafo (imprensa/e-mail/sinopse publicitária)

DAS TREVAS AO DOMÍNIO: 40 Dias para se Libertar das Garras Ocultas das Trevas é um devocional global que expõe como o inimigo se infiltra em vidas, famílias e nações por meio de altares, linhagens, sociedades secretas, rituais ocultistas e concessões cotidianas. Com histórias de todos os continentes e estratégias de libertação testadas em batalhas, este livro é para presidentes e pastores, CEOs e adolescentes, donas de casa e guerreiros espirituais — qualquer pessoa desesperada por liberdade duradoura. Não é apenas para ler — é para quebrar correntes.

Tags sugeridas

- devocional de libertação
- guerra espiritual
- testemunhos ex-ocultos
- oração e jejum
- quebrando maldições geracionais
- liberdade da escuridão
- autoridade espiritual cristã
- espíritos marinhos
- engano kundalini
- sociedades secretas expostas
- 40 dias de libertação

 # Hashtags para Campanhas
#EscuridãoParaDomínio
#DevocionalDelibertação
#QuebreAsCorrentes

#LiberdadeAtravésDeCristo
#DespertarGlobal
#BatalhasOcultasExpostas
#RezeParaSeLibertar
#LivroGuerraEspiritual
#DaEscuridãoParaALuz
#AutoridadeDoReino
#ChegaDeEscravidão
#ExOccultTestimonies
#AvisoKundalini
#EspíritosMarinhosExpostos
#40DiasDeLiberdade

Dedicação

Àquele que nos chamou das trevas para a Sua maravilhosa luz — **Jesus Cristo**, nosso Libertador, Portador da Luz e Rei da Glória.

Para cada alma que clama em silêncio — presa por correntes invisíveis, assombrada por sonhos, atormentada por vozes e lutando contra a escuridão em lugares onde ninguém vê — esta jornada é para você.

Aos **pastores**, **intercessores** e **vigias no muro**,

às **mães** que oram a noite toda e aos **pais** que se recusam a desistir,

ao **menino** que vê demais e à **menina** marcada pelo mal muito cedo,

aos **CEOs**, **presidentes** e **tomadores de decisão** carregando pesos invisíveis por trás do poder público,

ao **obreiro da igreja** lutando contra a escravidão secreta e ao **guerreiro espiritual** que ousa revidar —

este é o seu chamado para se levantar.

E aos corajosos que compartilharam suas histórias — obrigado. Suas cicatrizes agora libertam outros.

Que esta devoção ilumine um caminho através das sombras e conduza muitos ao domínio, à cura e ao fogo sagrado.

Você não foi esquecido. Você não é impotente. Você nasceu para a liberdade.

- Zacharias Godseagle, Embaixador Monday O. Ogbe e Comfort Ladi Ogbe

Agradecimentos

Em primeiro lugar, reconhecemos **a Deus Todo-Poderoso — Pai, Filho e Espírito Santo**, o Autor da Luz e da Verdade, que abriu nossos olhos para as batalhas invisíveis por trás de portas fechadas, véus, púlpitos e plataformas. A Jesus Cristo, nosso Libertador e Rei, damos toda a glória.

Aos homens e mulheres corajosos ao redor do mundo que compartilharam suas histórias de tormento, triunfo e transformação — sua coragem desencadeou uma onda global de liberdade. Obrigado por quebrar o silêncio.

Aos ministros e sentinelas no muro que trabalharam em lugares ocultos — ensinando, intercedendo, libertando e discernindo — honramos sua persistência. Sua obediência continua a destruir fortalezas e desmascarar enganos em lugares celestiais.

Às nossas famílias, parceiros de oração e equipes de apoio que estiveram conosco enquanto vasculhávamos os escombros espirituais para descobrir a verdade — obrigado por sua fé e paciência inabaláveis.

Aos pesquisadores, aos depoimentos do YouTube, aos denunciantes e aos guerreiros do reino que expõem a escuridão por meio de suas plataformas — sua ousadia alimentou este trabalho com percepção, revelação e urgência.

Ao **Corpo de Cristo**: este livro também é seu. Que ele desperte em vocês a santa determinação de serem vigilantes, perspicazes e destemidos. Não escrevemos como especialistas, mas como testemunhas. Não nos posicionamos como juízes, mas como redimidos.

E finalmente, aos **leitores deste devocional** — buscadores, guerreiros, pastores, ministros da libertação, sobreviventes e amantes da verdade de todas as nações — que cada página os capacite a passar **de escuridão para domínio**.

— **Zacharias Godseagle**

— **Embaixador Monday O. Ogbe**

— **Comfort Ladi Ogbe**

Ao leitor

Este não é apenas um livro. É um chamado.

Um chamado para desvendar o que há muito tempo está oculto — para confrontar as forças invisíveis que moldam gerações, sistemas e almas. Seja você um **jovem buscador**, um **pastor desgastado por batalhas que não consegue nomear**, um **líder empresarial lutando contra terrores noturnos** ou um **chefe de Estado enfrentando a implacável escuridão nacional**, este devocional é o seu **guia para sair das sombras**.

Para o **indivíduo**: Você não é louco. O que você sente — nos seus sonhos, na sua atmosfera, na sua linhagem — pode de fato ser espiritual. Deus não é apenas um curador; Ele é um libertador.

Para a **família**: Esta jornada de 40 dias ajudará você a identificar padrões que atormentam sua linhagem há muito tempo — vícios, mortes prematuras, divórcios, esterilidade, tormento mental, pobreza repentina — e fornecerá as ferramentas para quebrá-los.

Aos **líderes e pastores da igreja**: Que isso desperte um discernimento mais profundo e coragem para confrontar o reino espiritual do púlpito, não apenas do pódio. A libertação não é opcional. Faz parte da Grande Comissão.

Para **CEOs, empreendedores e profissionais**: Pactos espirituais também operam em salas de reunião. Dediquem seus negócios a Deus. Derrubem altares ancestrais disfarçados de sorte nos negócios, pactos de sangue ou favores maçônicos. Construa com mãos limpas.

Aos **vigilantes e intercessores**: Sua vigilância não foi em vão. Este recurso é uma arma em suas mãos — para sua cidade, sua região, sua nação.

Aos **Presidentes e Primeiros-Ministros**, se isto chegar à vossa mesa: as nações não são governadas apenas por políticas. São governadas por altares — erguidos em segredo ou em público. Até que os fundamentos ocultos sejam abordados, a paz permanecerá ilusória. Que este devocional os inspire a uma reforma geracional.

Para o **jovem ou a jovem** que lê isto num momento de desespero: Deus vê você. Ele o escolheu. E Ele está tirando você daqui — para sempre.

Esta é a sua jornada. Um dia de cada vez. Uma corrente de cada vez.

Da Escuridão ao Domínio — é a sua hora.

Como usar este livro

DA ESCURIDÃO AO DOMÍNIO: 40 Dias para se Libertar das Garras Ocultas da Escuridão é mais do que um devocional — é um manual de libertação, uma desintoxicação espiritual e um campo de treinamento de guerra. Seja lendo sozinho, em grupo, na igreja ou como líder guiando outros, veja como aproveitar ao máximo esta poderosa jornada de 40 dias:

Ritmo Diário

Cada dia segue uma estrutura consistente para ajudar você a envolver o espírito, a alma e o corpo:

- **Ensinamento Devocional Principal** – Um tema revelador que expõe a escuridão oculta.
- **Contexto global** – Como essa fortaleza se manifesta ao redor do mundo.
- **Histórias da vida real** – Encontros reais de libertação de diferentes culturas.
- **Plano de Ação** – Exercícios espirituais pessoais, renúncia ou declarações.
- **Aplicação em grupo** – Para uso em pequenos grupos, famílias, igrejas ou equipes de libertação.
- **Visão principal** – Uma lição resumida para lembrar e rezar.
- **Diário de reflexão** – Perguntas do coração para processar cada verdade profundamente.
- **Oração de Libertação** – Oração de guerra espiritual direcionada para quebrar fortalezas.

O que você vai precisar

- Sua **Bíblia**
- Um **diário ou caderno dedicado**
- **Óleo de unção** (opcional, mas poderoso durante as orações)
- Disposição para **jejuar e orar** conforme o Espírito conduz
- **Parceiro de responsabilidade ou equipe de oração** para casos mais profundos

Como usar com grupos ou igrejas

- Reúnam-se **diariamente ou semanalmente** para discutir ideias e conduzir orações juntos.
- Incentive os membros a preencherem o **Diário de Reflexão** antes das sessões de grupo.
- Use a seção **Aplicativo de Grupo** para iniciar discussões, confissões ou momentos de libertação corporativa.
- Designe líderes treinados para lidar com manifestações mais intensas.

Para pastores, líderes e ministros de libertação

- Ensine os tópicos diários no púlpito ou em escolas de treinamento de libertação.
- Equipe sua equipe para usar este devocional como um guia de aconselhamento.
- Personalize seções conforme necessário para mapeamento espiritual, reuniões de reavivamento ou campanhas de oração na cidade.

Apêndices para explorar
No final do livro, você encontrará recursos bônus poderosos, incluindo:

1. **Declaração Diária de Libertação Total** – Fale isso em voz alta todas as manhãs e noites.
2. **Guia de Renúncia à Mídia** – Desintoxique sua vida da contaminação espiritual do entretenimento.
3. **Oração para discernir altares ocultos em igrejas** – Para intercessores e obreiros da igreja.

4. **Maçonaria, Cabala, Kundalini e Roteiro de Renúncia Oculta** – Orações poderosas de arrependimento.
5. **Lista de verificação de libertação em massa** – Use em cruzadas, reuniões em casa ou retiros pessoais.
6. **Links de vídeos de depoimentos**

Prefácio

Há uma guerra — invisível, silenciosa, mas ferozmente real — devastando as almas de homens, mulheres, crianças, famílias, comunidades e nações.

Este livro nasceu não da teoria, mas do fogo. De salas de libertação em pranto. De testemunhos sussurrados nas sombras e gritados dos telhados. De estudo profundo, intercessão global e uma frustração sagrada com o cristianismo superficial que não consegue lidar com as **raízes das trevas** que ainda enredam os crentes.

Muitas pessoas chegaram à cruz, mas ainda arrastam correntes. Muitos pastores pregam a liberdade enquanto secretamente atormentados por demônios de luxúria, medo ou alianças ancestrais. Muitas famílias estão presas em ciclos — de pobreza, perversão, vício, esterilidade, vergonha — e **não sabem por quê**. E muitas igrejas evitam falar sobre demônios, bruxaria, altares de sangue ou libertação porque é "muito intenso".

Mas Jesus não evitou a escuridão — Ele **a confrontou**.

Ele não ignorou os demônios — Ele **os expulsou**.

E Ele não morreu apenas para perdoar você — Ele morreu para **libertar você**.

Este devocional global de 40 dias não é um estudo bíblico casual. É uma **sala de cirurgia espiritual**. Um diário de liberdade. Um mapa do inferno para aqueles que se sentem presos entre a salvação e a verdadeira liberdade. Seja você um adolescente preso à pornografia, uma primeira-dama atormentada por sonhos com serpentes, um primeiro-ministro atormentado pela culpa ancestral, um profeta escondendo uma escravidão secreta ou uma criança acordando de sonhos demoníacos — esta jornada é para você.

Você encontrará histórias do mundo todo — África, Ásia, Europa, América do Norte e do Sul — todas confirmando uma verdade: **o diabo não faz acepção**

de pessoas. Mas Deus também não. E o que Ele fez pelos outros, Ele pode fazer por você.

Este livro foi escrito para:

- **Indivíduos** que buscam libertação pessoal
- **Famílias** que precisam de cura geracional
- **Pastores** e obreiros da igreja precisam de equipamento
- **Líderes empresariais** navegando na guerra espiritual em lugares altos
- **Nações** clamando por verdadeiro reavivamento
- **Jovens** que abriram portas sem saber
- **Ministros de libertação** que precisam de estrutura e estratégia
- E mesmo **aqueles que não acreditam em demônios** — até lerem sua própria história nestas páginas

Você será desafiado. Você será desafiado. Mas se permanecer no caminho, também será **transformado**.

Você não vai simplesmente se libertar.

Você vai **caminhar em domínio**.

Vamos começar.

— *Zacharias Godseagle, Embaixador Monday O. Ogbe e Comfort Ladi Ogbe*

Prefácio

Há uma agitação nas nações. Um abalo no reino espiritual. Dos púlpitos aos parlamentos, das salas de estar às igrejas subterrâneas, pessoas em todos os lugares estão despertando para uma verdade assustadora: subestimamos o alcance do inimigo — e interpretamos mal a autoridade que carregamos em Cristo.

Das Trevas ao Domínio não é apenas um devocional; é um chamado claro. Um manual profético. Uma tábua de salvação para os atormentados, os presos e os crentes sinceros que se perguntam: "Por que ainda estou acorrentado?"

Como alguém que testemunhou reavivamento e libertação em nações, sei em primeira mão que a Igreja não carece de conhecimento — carecemos de **consciência espiritual**, **ousadia** e **disciplina**. Esta obra preenche essa lacuna. Ela reúne testemunhos globais, verdades contundentes, ações práticas e o poder da cruz em uma jornada de 40 dias que sacudirá a poeira de vidas adormecidas e reacenderá o fogo nos cansados.

Para o pastor que ousa confrontar altares, para o jovem adulto que luta silenciosamente contra sonhos demoníacos, para o empresário envolvido em alianças invisíveis e para o líder que sabe que algo está *espiritualmente errado,* mas não consegue nomear o que é — este livro é para você.

Peço que não o leia passivamente. Que cada página provoque seu espírito. Que cada história gere guerra. Que cada declaração treine sua boca para falar com fogo. E quando você tiver caminhado por estes 40 dias, não celebre apenas sua liberdade — torne-se um veículo para a liberdade dos outros.

Porque o verdadeiro domínio não é apenas escapar da escuridão...

É virar-se e arrastar os outros para a luz.

Na autoridade e poder de Cristo,
Embaixador Ogbe

Introdução

DA ESCURIDÃO AO DOMÍNIO: 40 dias para se libertar das garras ocultas da escuridão não é apenas mais um devocional — é um chamado para despertar global.

Em todo o mundo — de aldeias rurais a palácios presidenciais, altares de igrejas a salas de reuniões — homens e mulheres clamam por liberdade. Não apenas salvação. **Libertação. Clareza. Avanço. Integridade. Paz. Poder.**

Mas aqui está a verdade: você não pode expulsar o que tolera. Você não pode se libertar do que não consegue ver. Este livro é a sua luz nessa escuridão.

Durante 40 dias, você percorrerá ensinamentos, histórias, testemunhos e ações estratégicas que expõem as operações ocultas da escuridão e o capacitarão a superar — espírito, alma e corpo.

Seja você pastor, CEO, missionário, intercessor, adolescente, mãe ou chefe de Estado, o conteúdo deste livro o confrontará. Não para envergonhá-lo, mas para libertá-lo e prepará-lo para conduzir outros à liberdade.

Este é um **devocional global de conscientização, libertação e poder** — enraizado nas escrituras, aguçado por relatos da vida real e encharcado no sangue de Jesus.

Como usar este devocional

1. **Comece com os 5 Capítulos Fundamentais**
   . Estes capítulos estabelecem a base. Não os pule. Eles ajudarão você a entender a arquitetura espiritual da escuridão e a autoridade que você recebeu para se elevar acima dela.
2. **Percorra cada dia intencionalmente**
   Cada entrada diária inclui um tema de foco, manifestações globais, uma história real, escrituras, um plano de ação, ideias para aplicação em grupo, insights importantes, lembretes para o diário e uma oração poderosa.

3. **Encerre cada dia com a Declaração Diária de 360°.**
   Encontrada no final deste livro, esta poderosa declaração foi criada para reforçar sua liberdade e proteger seus portões espirituais.
4. **Use sozinho ou em grupo.**
   Não importa se você está passando por isso individualmente ou em grupo, comunhão familiar, equipe de intercessão ou ministério de libertação, permita que o Espírito Santo guie o ritmo e personalize o plano de batalha.
5. **Espere oposição — e**
   a resistência virá. Mas a liberdade também. A libertação é um processo, e Jesus está comprometido em caminhar com você.

CAPÍTULOS FUNDAMENTAIS (Leia antes do dia 1)

1. Origens do Reino das Trevas
Da rebelião de Lúcifer ao surgimento de hierarquias demoníacas e espíritos territoriais, este capítulo traça a história bíblica e espiritual das trevas. Entender onde elas começaram ajuda você a reconhecer como elas operam.

2. Como o Reino das Trevas Opera Hoje
De pactos e sacrifícios de sangue a altares, espíritos marinhos e infiltração tecnológica, este capítulo revela as faces modernas de espíritos antigos — incluindo como a mídia, as tendências e até mesmo a religião podem servir de camuflagem.

3. Pontos de entrada: como as pessoas ficam viciadas
Ninguém nasce em cativeiro por acidente. Este capítulo examina portas como traumas, altares ancestrais, exposição à bruxaria, laços de alma, curiosidade ocultista, Maçonaria, falsa espiritualidade e práticas culturais.

4. Manifestações: Da Posse à Obsessão
Como é a escravidão? De pesadelos a atrasos conjugais, infertilidade, vício, raiva e até mesmo o "riso sagrado", este capítulo revela como os demônios se disfarçam de problemas, dons ou personalidades.

5. O Poder da Palavra: Autoridade dos Crentes
Antes de começarmos a guerra de 40 dias, você precisa entender seus direitos legais em Cristo. Este capítulo o equipa com leis espirituais, armas de guerra, protocolos bíblicos e a linguagem da libertação.

UM INCENTIVO FINAL ANTES DE COMEÇAR

Deus não está chamando você para *lidar com* a escuridão.

Ele está chamando você para **dominá-** la.

Não pela força, não pelo poder, mas pelo Seu Espírito.

Que os próximos 40 dias sejam mais do que um devocional.

Que sejam um funeral para cada altar que um dia te controlou... e uma coroação para o destino que Deus ordenou para você.

Sua jornada de domínio começa agora.

CAPÍTULO 1: ORIGENS DO REINO DAS TREVAS

"Porque não lutamos contra a carne e o sangue, mas, sim, contra os principados, contra as potestades, contra os príncipes das trevas deste século, contra as hostes espirituais da maldade, nas regiões celestes." — Efésios 6:12

Muito antes de a humanidade pisar no palco do tempo, uma guerra invisível eclodiu nos céus. Não foi uma guerra de espadas ou armas de fogo, mas de rebelião — uma alta traição contra a santidade e a autoridade do Deus Altíssimo. A Bíblia desvenda esse mistério por meio de várias passagens que sugerem a queda de um dos anjos mais belos de Deus — **Lúcifer**, o resplandecente — que ousou exaltar-se acima do trono de Deus (Isaías 14:12-15, Ezequiel 28:12-17).

Essa rebelião cósmica deu origem ao **Reino das Trevas** — um reino de resistência espiritual e engano, composto por anjos caídos (agora demônios), principados e poderes alinhados contra a vontade de Deus e o Seu povo.

A Queda e a Formação da Escuridão

LÚCIFER NEM SEMPRE foi mau. Ele foi criado perfeito em sabedoria e beleza. Mas o orgulho entrou em seu coração, e o orgulho se transformou em rebelião. Ele enganou um terço dos anjos do céu para que o seguissem (Apocalipse 12:4), e eles foram expulsos do céu. Seu ódio pela humanidade tem raízes na inveja — porque a humanidade foi criada à imagem de Deus e recebeu domínio.

Assim começou a guerra entre o **Reino da Luz** e o **Reino das Trevas** — um conflito invisível que afeta cada alma, cada lar e cada nação.

A Expressão Global do Reino das Trevas

EMBORA INVISÍVEL, A influência deste reino sombrio está profundamente enraizada em:

- **Tradições culturais** (culto ancestral, sacrifícios de sangue, sociedades secretas)
- **Entretenimento** (mensagens subliminares, música e shows ocultos)
- **Governança** (corrupção, pactos de sangue, juramentos)
- **Tecnologia** (ferramentas para vício, controle, manipulação mental)
- **Educação** (humanismo, relativismo, falso iluminismo)

Do juju africano ao misticismo da nova era ocidental, da adoração aos gênios do Oriente Médio ao xamanismo sul-americano, as formas diferem, mas o **espírito é o mesmo**: engano, dominação e destruição.

Por que este livro é importante agora

O MAIOR TRUQUE DE SATANÁS é fazer as pessoas acreditarem que ele não existe — ou pior, que seus caminhos são inofensivos.

Este devocional é um **manual de inteligência espiritual** — levantando o véu, expondo seus esquemas e capacitando crentes em todos os continentes a:

- **Reconhecer** pontos de entrada
- **Renuncie** a alianças ocultas
- **Resista** com autoridade
- **Recuperar** o que foi roubado

Você nasceu em uma batalha

ESTE NÃO É UM DEVOCIONAL para os fracos. Você nasceu num campo de batalha, não num playground. Mas a boa notícia é: **Jesus já venceu a guerra!**

"Ele despojou os governantes e as autoridades e os expôs ao vitupério, triunfando sobre eles na cruz." — Colossenses 2:15

Você não é uma vítima. Você é mais que um vencedor por meio de Cristo. Vamos expor a escuridão — e caminhar corajosamente em direção à luz.

Visão principal

A origem das trevas é o orgulho, a rebelião e a rejeição do governo de Deus. Essas mesmas sementes ainda operam nos corações das pessoas e dos sistemas hoje. Para entender a guerra espiritual, precisamos primeiro entender como a rebelião começou.

Diário de Reflexão

- Eu descartei a guerra espiritual como superstição?
- Que práticas culturais ou familiares eu normalizei que podem estar ligadas à rebelião antiga?
- Eu realmente entendo a guerra em que nasci?

Oração de Iluminação

Pai Celestial, revela-me as raízes ocultas da rebelião ao meu redor e dentro de mim. Expõe as mentiras das trevas que eu possa ter abraçado sem saber. Que a Tua verdade brilhe em cada lugar sombrio. Eu escolho o Reino da Luz. Eu escolho andar na verdade, no poder e na liberdade. Em nome de Jesus. Amém.

CAPÍTULO 2: COMO O REINO DAS TREVAS OPERA HOJE

"*Para que Satanás não leve vantagem sobre nós, pois não ignoramos as suas maquinações.*" — 2 Coríntios 2:11

O reino das trevas não opera aleatoriamente. É uma infraestrutura espiritual bem organizada e profundamente estratificada que reflete a estratégia militar. Seu objetivo: infiltrar, manipular, controlar e, por fim, destruir. Assim como o Reino de Deus tem hierarquia e ordem (apóstolos, profetas, etc.), o mesmo ocorre com o reino das trevas — com principados, potestades, governantes das trevas e forças espirituais do mal em regiões celestiais (Efésios 6:12).

O Reino das Trevas não é um mito. Não é folclore ou superstição religiosa. É uma rede invisível, mas real, de agentes espirituais que manipulam sistemas, pessoas e até igrejas para cumprir a agenda de Satanás. Enquanto muitos imaginam forcados e chifres vermelhos, a operação real deste reino é muito mais sutil, sistemática e sinistra.

1. A decepção é a moeda deles

O inimigo negocia com mentiras. Desde o Jardim do Éden (Gênesis 3) até as filosofias atuais, as táticas de Satanás sempre giraram em torno de semear dúvidas na Palavra de Deus. Hoje, o engano se manifesta na forma de:

- *Ensinamentos da Nova Era disfarçados de iluminação*
- *Práticas ocultas mascaradas de orgulho cultural*
- *Bruxaria glamourizada em música, filmes, desenhos animados e tendências de mídia social*

As pessoas participam inconscientemente de rituais ou consomem mídias que abrem portas espirituais sem discernimento.

2. Estrutura Hierárquica do Mal

Assim como o Reino de Deus tem ordem, o reino das trevas opera sob uma hierarquia definida:

- **Principados** – Espíritos territoriais influenciando nações e governos
- **Poderes** – Agentes que impõem a maldade por meio de sistemas demoníacos
- **Governantes das Trevas** – Coordenadores da cegueira espiritual, idolatria e religião falsa
- **Maldade espiritual em lugares altos** – Entidades de nível de elite influenciando a cultura, a riqueza e a tecnologia globais

Cada demônio é especializado em certas tarefas — medo, vício, perversão sexual, confusão, orgulho, divisão.

3. Ferramentas de Controle Cultural

O diabo não precisa mais aparecer fisicamente. A cultura agora faz o trabalho pesado. Suas estratégias hoje incluem:

- **Mensagens subliminares:** Música, programas, anúncios cheios de símbolos ocultos e mensagens invertidas
- **Dessensibilização:** Exposição repetida ao pecado (violência, nudez, profanação) até que se torne "normal"
- **Técnicas de controle mental:** por meio de hipnose midiática, manipulação emocional e algoritmos viciantes

Isso não é acidental. São estratégias concebidas para enfraquecer convicções morais, destruir famílias e redefinir a verdade.

4. Acordos Geracionais e Linhagens

Por meio de sonhos, rituais, dedicações ou pactos ancestrais, muitas pessoas estão, sem saber, alinhadas com as trevas. Satanás se aproveita de:

- Altares familiares e ídolos ancestrais
- Cerimônias de nomeação que invocam espíritos
- Pecados familiares secretos ou maldições transmitidas

Essas são bases legais abertas para aflição até que a aliança seja quebrada pelo sangue de Jesus.

5. Falsos Milagres, Falsos Profetas

O Reino das Trevas ama a religião — especialmente se ela carece de verdade e poder. Falsos profetas, espíritos sedutores e milagres falsificados enganam as massas:

"Porque o próprio Satanás se transforma em anjo de luz." — 2 Coríntios 11:14

Hoje em dia, muitos seguem vozes que fazem cócegas em seus ouvidos, mas que prendem suas almas.

Visão principal

O diabo nem sempre fala alto — às vezes, ele sussurra por meio de concessões. A maior tática do Reino Sombrio é convencer as pessoas de que são livres, enquanto elas são sutilmente escravizadas.

Diário de Reflexão:

- Onde você viu essas operações na sua comunidade ou país?
- Existem programas, músicas, aplicativos ou rituais que você normalizou que podem, na verdade, ser ferramentas de manipulação?

Oração de Conscientização e Arrependimento:

Senhor Jesus, abre meus olhos para que eu possa ver as operações do inimigo. Expõe cada mentira em que acreditei. Perdoa-me por cada porta que abri, consciente ou inconscientemente. Rompo o acordo com as trevas e escolho a Tua verdade, o Teu poder e a Tua liberdade. Em nome de Jesus. Amém.

CAPÍTULO 3: PONTOS DE ENTRADA – COMO AS PESSOAS FICAM FIXADAS

"*Não deem lugar ao diabo.*" — Efésios 4:27

Em cada cultura, geração e lar, existem aberturas ocultas — portais pelos quais a escuridão espiritual entra. Essas portas de entrada podem parecer inofensivas à primeira vista: uma brincadeira de infância, um ritual familiar, um livro, um filme, um trauma não resolvido. Mas, uma vez abertas, tornam-se terreno legal para a influência demoníaca.

Pontos de entrada comuns

1. **Pactos de Linhagem** – Juramentos ancestrais, rituais e idolatria que transmitem acesso a espíritos malignos.
2. **Exposição precoce ao ocultismo** – Como na história de *Lourdes Valdivia*, da Bolívia, crianças expostas à bruxaria, ao espiritismo ou a rituais ocultos muitas vezes ficam espiritualmente comprometidas.
3. **Mídia e música** – Músicas e filmes que glorificam a escuridão, a sensualidade ou a rebelião podem sutilmente convidar à influência espiritual.
4. **Trauma e abuso** – Abuso sexual, trauma violento ou rejeição podem abrir a alma para espíritos opressores.
5. **Pecado Sexual e Laços de Alma** – Uniões sexuais ilícitas frequentemente criam laços espirituais e transferência de espíritos.
6. **Nova Era e religião falsa** – Cristais, ioga, guias espirituais, horóscopos e "bruxaria branca" são convites velados.
7. **Amargura e falta de perdão** – Estas dão aos espíritos demoníacos o direito legal de atormentar (ver Mateus 18:34).

Destaque do Testemunho Global: *Lourdes Valdivia (Bolívia)*

Com apenas 7 anos de idade, Lourdes foi apresentada à bruxaria por sua mãe, uma ocultista de longa data. Sua casa estava repleta de símbolos, ossos de cemitérios e livros de magia. Ela passou por projeções astrais, vozes e tormentos antes de finalmente encontrar Jesus e ser libertada. Sua história é uma entre muitas — provando como a exposição precoce e a influência geracional abrem portas para a escravidão espiritual.

Referência a Greater Exploits:

Histórias de como pessoas abriram portas sem saber por meio de atividades "inofensivas" — apenas para serem apanhadas na escuridão — podem ser encontradas em *Greater Exploits 14* e *Delivered from the Power of Darkness* . (Ver apêndice)

Visão principal

O inimigo raramente invade. Ele espera que uma porta seja aberta. O que parece inocente, herdado ou divertido pode, às vezes, ser exatamente o portão de que o inimigo precisa.

Diário de Reflexão

- Que momentos da minha vida podem ter servido como pontos de entrada espiritual?
- Existem tradições ou objetos "inofensivos" dos quais preciso me livrar?
- Preciso renunciar a algo do meu passado ou linhagem familiar?

Oração de Renúncia

Pai, fecho todas as portas que eu ou meus ancestrais possamos ter aberto para a escuridão. Renuncio a todos os acordos, laços de alma e exposição a qualquer coisa profana. Quebro todas as correntes pelo sangue de Jesus. Declaro que meu corpo, alma e espírito pertencem somente a Cristo. Em nome de Jesus. Amém.

CAPÍTULO 4: MANIFESTAÇÕES – DA POSSESSÃO À OBSESSÃO

"*Quando um espírito imundo sai de uma pessoa, anda por lugares áridos buscando repouso e não o encontra. Então diz: 'Voltarei para a casa de onde saí.'*" — Mateus 12:43

Quando uma pessoa cai sob a influência do reino das trevas, as manifestações variam de acordo com o nível de acesso demoníaco concedido. O inimigo espiritual não se contenta com visitas — seu objetivo final é habitação e dominação.

Níveis de Manifestação

1. **Influência** – O inimigo ganha influência por meio de pensamentos, emoções e decisões.
2. **Opressão** – Há pressão externa, peso, confusão e tormento.
3. **Obsessão** – A pessoa fica fixada em pensamentos obscuros ou comportamento compulsivo.
4. **Possessão** – Em casos raros, mas reais, demônios se instalam e anulam a vontade, a voz ou o corpo de uma pessoa.

O grau de manifestação geralmente está ligado à profundidade do comprometimento espiritual.

Estudos de caso globais de manifestação

- **África:** Casos de marido/esposa espiritual, loucura, servidão ritual.
- **Europa:** hipnose da nova era, projeção astral e fragmentação da mente.
- **Ásia:** Laços de alma ancestrais, armadilhas de reencarnação e votos de linhagem.

- **América do Sul:** Xamanismo, guias espirituais, vício em leitura psíquica.
- **América do Norte:** Bruxaria na mídia, horóscopos "inofensivos", portais de substâncias.
- **Oriente Médio:** encontros com gênios, juramentos de sangue e falsificações proféticas.

Cada continente apresenta seu disfarce único do mesmo sistema demoníaco — e os crentes devem aprender a reconhecer os sinais.

Sintomas comuns de atividade demoníaca

- Pesadelos recorrentes ou paralisia do sono
- Vozes ou tormento mental
- Pecado compulsivo e apostasia repetida
- Doenças inexplicáveis, medo ou raiva
- Força ou conhecimento sobrenatural
- Aversão repentina às coisas espirituais

Visão principal

O que chamamos de problemas "mentais", "emocionais" ou "médicos" pode, às vezes, ser espiritual. Nem sempre — mas com frequência suficiente para que o discernimento seja crucial.

Diário de Reflexão

- Percebi lutas repetitivas que parecem de natureza espiritual?
- Existem padrões geracionais de destruição na minha família?
- Que tipo de mídia, música ou relacionamentos estou permitindo em minha vida?

Oração de Renúncia

Senhor Jesus, renuncio a todo acordo oculto, porta aberta e aliança profana em minha vida. Rompo laços com tudo o que não é de Ti — consciente ou inconscientemente. Convido o fogo do Espírito Santo a consumir todo traço de escuridão em minha vida. Liberta-me completamente. Em Teu poderoso nome. Amém.

CAPÍTULO 5: O PODER DA PALAVRA – A AUTORIDADE DOS CRENTES

"Eis que vos dei autoridade para pisar serpentes e escorpiões, e sobre todo o poder do inimigo; e nada absolutamente vos fará dano algum." — Lucas 10:19 (KJV)

Muitos crentes vivem com medo da escuridão porque não compreendem a luz que carregam. No entanto, as Escrituras revelam que a **Palavra de Deus não é apenas uma espada (Efésios 6:17)** — é fogo (Jeremias 23:29), um martelo, uma semente e a própria vida. Na batalha entre a luz e as trevas, aqueles que conhecem e proclamam a Palavra nunca são vítimas.

O que é esse poder?

O poder que os crentes carregam é **a autoridade delegada**. Como um policial com um distintivo, não nos firmamos em nossa própria força, mas em **nome de Jesus** e pela Palavra de Deus. Quando Jesus derrotou Satanás no deserto, Ele não gritou, chorou ou entrou em pânico — Ele simplesmente disse: *"Está escrito"*.

Este é o padrão para toda guerra espiritual.

Por que muitos cristãos continuam derrotados

1. **Ignorância** – Eles não sabem o que a Palavra diz sobre sua identidade.
2. **Silêncio** – Eles não declaram a Palavra de Deus sobre as situações.
3. **Inconsistência** – Eles vivem em ciclos de pecado, o que corrói a confiança e o acesso.

A vitória não é sobre gritar mais alto; é sobre **acreditar mais profundamente** e **declarar com ousadia**.

Autoridade em Ação – Histórias Globais

- **Nigéria:** Um menino preso em uma seita foi liberto quando sua mãe

ungia seu quarto com frequência e recitava o Salmo 91 todas as noites.
- **Estados Unidos:** Uma ex-wiccaniana abandonou a bruxaria depois que uma colega declarou discretamente as escrituras em seu espaço de trabalho diariamente durante meses.
- **Índia:** Um crente declarou Isaías 54:17 enquanto enfrentava constantes ataques de magia negra — os ataques pararam, e o agressor confessou.
- **Brasil:** Uma mulher usou declarações diárias de Romanos 8 sobre seus pensamentos suicidas e começou a andar em paz sobrenatural.

A Palavra é viva. Ela não precisa da nossa perfeição, apenas da nossa fé e confissão.

Como manejar a palavra na guerra

1. **Memorize escrituras** relacionadas à identidade, vitória e proteção.
2. **Fale a Palavra em voz alta**, especialmente durante ataques espirituais.
3. **Use-o em oração**, declarando as promessas de Deus sobre as situações.
4. **Jejue + Ore** com a Palavra como sua âncora (Mateus 17:21).

Escrituras Fundamentais para a Guerra

- *2 Coríntios 10:3–5* – Destruindo fortalezas
- *Isaías 54:17* – Nenhuma arma forjada prosperará
- *Lucas 10:19* – Poder sobre o inimigo
- *Salmo 91* – Proteção divina
- *Apocalipse 12:11* – Vencidos pelo sangue e pelo testemunho

Visão principal

A Palavra de Deus em sua boca é tão poderosa quanto a Palavra na boca de Deus — quando falada com fé.

Diário de Reflexão

- Conheço meus direitos espirituais como crente?
- Em quais escrituras estou me apoiando ativamente hoje?
- Permiti que o medo ou a ignorância silenciassem minha autoridade?

Oração de Empoderamento

Pai, abre meus olhos para a autoridade que tenho em Cristo. Ensina-me a manejar a Tua Palavra com ousadia e fé. Onde permiti que o medo ou a ignorância reinassem, que a revelação venha. Eu me posiciono hoje como um filho de Deus, armado com a Espada do Espírito. Eu falarei a Palavra. Eu me posicionarei em vitória. Não temerei o inimigo — pois maior é Aquele que está em mim. Em nome de Jesus. Amém.

DIA 1: LINHAS DE SANGUE E PORTÕES — QUEBRANDO CADEIAS FAMILIARES

"*Nossos pais pecaram e já não existem, e nós sofremos o castigo deles.*" — Lamentações 5:7

Você pode ser salvo, mas sua linhagem ainda tem uma história — e até que as antigas alianças sejam quebradas, eles continuam a falar.

Em todos os continentes, existem altares ocultos, pactos ancestrais, votos secretos e iniquidades herdadas que permanecem ativos até serem especificamente abordados. O que começou com os bisavós pode ainda estar reivindicando o destino das crianças de hoje.

Expressões globais

- **África** – Deuses familiares, oráculos, bruxaria geracional, sacrifícios de sangue.
- **Ásia** – Culto aos ancestrais, laços de reencarnação, cadeias de carma.
- **América Latina** – Santeria, altares de morte, juramentos de sangue xamânicos.
- **Europa** – Maçonaria, raízes pagãs, pactos de linhagem.
- **América do Norte** – Heranças da Nova Era, linhagem maçônica, objetos ocultos.

A maldição continua até que alguém se levanta e diz: "Chega!"

Um Testemunho Mais Profundo – Cura pelas Raízes

Uma mulher da África Ocidental, após ler *Greater Exploits 14*, percebeu que seus abortos crônicos e tormentos inexplicáveis estavam ligados à posição de seu avô como sacerdote de um santuário. Ela havia aceitado a Cristo anos antes, mas nunca lidou com os convênios familiares.

Após três dias de oração e jejum, ela foi levada a destruir certas relíquias de família e renunciar a alianças, usando Gálatas 3:13. Naquele mesmo mês, ela concebeu e levou uma criança a termo. Hoje, ela lidera outros no ministério de cura e libertação.

Outro homem na América Latina, do livro "*Libertado do Poder das Trevas*", encontrou a liberdade após renunciar a uma maldição da Maçonaria que lhe fora secretamente transmitida por seu bisavô. Ao começar a aplicar escrituras como Isaías 49:24-26 e a se envolver em orações de libertação, seu tormento mental cessou e a paz foi restaurada em seu lar.

Essas histórias não são coincidências — são testemunhos da verdade em ação.

Plano de Ação – Inventário Familiar

1. Anote todas as crenças, práticas e afiliações familiares conhecidas — religiosas, místicas ou sociedades secretas.
2. Peça a Deus que revele altares e pactos ocultos.
3. Em espírito de oração, destrua e descarte qualquer objeto ligado à idolatria ou práticas ocultas.
4. Jejue conforme a liderança e use as escrituras abaixo para abrir caminho legalmente:
    - *Levítico 26:40–42*
    - *Isaías 49:24–26*
    - *Gálatas 3:13*

DISCUSSÃO EM GRUPO e aplicação

- Quais práticas familiares comuns são frequentemente negligenciadas como inofensivas, mas podem ser espiritualmente perigosas?
- Faça com que os membros compartilhem anonimamente (se necessário) quaisquer sonhos, objetos ou ciclos recorrentes em sua linhagem.
- Oração de renúncia em grupo — cada pessoa pode falar o nome da família ou questão que está sendo renunciada.

Ferramentas do Ministério: Traga o óleo da unção. Ofereça a comunhão. Lidere o grupo em uma oração de aliança de substituição — dedicando cada linhagem familiar a Cristo.

Visão principal

Nascer de novo salva seu espírito. Quebrar alianças familiares preserva seu destino.

Diário de Reflexão

- O que é hereditário na minha família? O que precisa acabar comigo?
- Há itens, nomes ou tradições na minha casa que precisam ser eliminados?
- Que portas meus antepassados abriram que agora preciso fechar?

Oração de Libertação

Senhor Jesus, eu Te agradeço pelo Teu sangue que fala coisas melhores. Hoje, renuncio a todo altar oculto, aliança familiar e escravidão herdada. Quebro as correntes da minha linhagem e declaro que sou uma nova criação. Minha vida, família e destino agora pertencem somente a Ti. Em nome de Jesus. Amém.

DIA 2: INVASÕES DOS SONHOS — QUANDO A NOITE SE TORNA UM CAMPO DE BATALHA

"*Enquanto os homens dormiam, veio o seu inimigo, semeou joio no meio do trigo e retirou-se.*" — Mateus 13:25

Para muitos, a maior guerra espiritual não acontece enquanto estão acordados — acontece quando estão dormindo.

Sonhos não são apenas atividade cerebral aleatória. São portais espirituais através dos quais avisos, ataques, pactos e destinos são trocados. O inimigo usa o sono como um campo de batalha silencioso para semear medo, luxúria, confusão e atraso — tudo sem resistência, porque a maioria das pessoas desconhece a guerra.

Expressões globais

- **África** – Esposas espirituais, serpentes, comer em sonhos, máscaras.
- **Ásia** – Encontros ancestrais, sonhos de morte, tormento cármico.
- **América Latina** – Demônios animalescos, sombras, paralisia do sono.
- **América do Norte** – Projeção astral, sonhos alienígenas, reprises de traumas.
- **Europa** – manifestações góticas, demônios sexuais (íncubos/súcubos), fragmentações da alma.

Se Satanás pode controlar seus sonhos, ele pode influenciar seu destino.

Testemunho – Do Terror Noturno à Paz

Uma jovem do Reino Unido enviou um e-mail após ler *"Ex-Satanista: A Troca de James"*. Ela contou como, durante anos, foi atormentada por sonhos em que era perseguida, mordida por cães ou dormia com homens estranhos

— sempre seguidos de contratempos na vida real. Seus relacionamentos fracassaram, as oportunidades de emprego desapareceram e ela estava constantemente exausta.

Por meio do jejum e do estudo de escrituras como Jó 33:14-18, ela descobriu que Deus frequentemente fala por meio de sonhos — mas o inimigo também. Ela começou a ungir a cabeça com óleo, a rejeitar sonhos malignos em voz alta ao acordar e a manter um diário de sonhos. Gradualmente, seus sonhos se tornaram mais claros e tranquilos. Hoje, ela lidera um grupo de apoio para jovens mulheres que sofrem de ataques de sono.

Um empresário nigeriano, após ouvir um testemunho no YouTube, percebeu que seu sonho de receber comida todas as noites estava ligado à bruxaria. Toda vez que aceitava a comida no sonho, as coisas davam errado em seus negócios. Ele aprendeu a rejeitar a comida imediatamente no sonho, a orar em línguas antes de dormir e agora enxerga estratégias e avisos divinos.

Plano de Ação – Fortaleça suas Vigilâncias Noturnas

1. **Antes de dormir:** Leia as escrituras em voz alta. Adore. Unja a cabeça com óleo.
2. **Diário de Sonhos:** Anote todos os sonhos ao acordar — bons ou ruins. Peça interpretação ao Espírito Santo.
3. **Rejeitar e Renuncie:** Se o sonho envolver atividade sexual, parentes mortos, alimentação ou escravidão — renuncie imediatamente em oração.
4. **Guerra das Escrituras:**
   - *Salmo 4:8* — Sono tranquilo
   - *Jó 33:14–18* — Deus fala por meio de sonhos
   - *Mateus 13:25* — O inimigo semeando joio
   - *Isaías 54:17* — Nenhuma arma forjada contra você

Aplicação em grupo

- Compartilhe sonhos recentes anonimamente. Deixe o grupo discernir padrões e significados.
- Ensine os membros a rejeitar sonhos ruins verbalmente e selar os bons em oração.

- Declaração do grupo: "Proibimos transações demoníacas em nossos sonhos, em nome de Jesus!"

Ferramentas do Ministério:

- Leve papel e canetas para registrar seus sonhos.
- Demonstre como ungir a casa e a cama.
- Ofereça a comunhão como selo de aliança para a noite.

Visão principal

Os sonhos são portais para encontros divinos ou para armadilhas demoníacas. Discernimento é a chave.

Diário de Reflexão

- Que tipo de sonhos tenho vivenciado constantemente?
- Devo reservar um tempo para refletir sobre meus sonhos?
- Meus sonhos estavam me alertando sobre algo que ignorei?

Oração da Vigília Noturna

Pai, dedico meus sonhos a Ti. Que nenhum poder maligno se projete em meu sono. Rejeito toda aliança demoníaca, contaminação sexual ou manipulação em meus sonhos. Recebo visitação divina, instrução celestial e proteção angelical enquanto durmo. Que minhas noites sejam repletas de paz, revelação e poder. Em nome de Jesus, amém.

DIA 3: CÔNJUGE ESPIRITUAL — UNIÕES PROFANAS QUE UNEM DESTINOS

"*Pois o teu Criador é o teu marido; o Senhor Todo-Poderoso é o seu nome...*" — Isaías 54:5

"*Eles sacrificaram seus filhos e suas filhas aos demônios.*" — Salmo 106:37

Enquanto muitos clamam por uma transformação conjugal, o que eles não percebem é que já estão em um **casamento espiritual** — um casamento com o qual nunca consentiram.

São **pactos firmados por meio de sonhos, abuso sexual, rituais de sangue, pornografia, juramentos ancestrais ou transferência demoníaca**. O cônjuge espiritual — íncubo (masculino) ou súcubo (feminino) — assume o direito legal ao corpo, à intimidade e ao futuro da pessoa, frequentemente bloqueando relacionamentos, destruindo lares, causando abortos espontâneos e alimentando vícios.

Manifestações Globais

- **África** – Espíritos marinhos (Mami Wata), esposas/maridos espirituais dos reinos aquáticos.
- **Ásia** – Casamentos celestiais, maldições cármicas de almas gêmeas, cônjuges reencarnados.
- **Europa** – Uniões de bruxaria, amantes demoníacos de raízes maçônicas ou druidas.
- **América Latina** – Casamentos de santeria, feitiços de amor, "casamentos espirituais" baseados em pactos.
- **América do Norte** – Portais espirituais induzidos por pornografia, espíritos sexuais da nova era, abduções alienígenas como manifestações de encontros com íncubos.

Histórias reais — A batalha pela liberdade conjugal
Tolu, Nigéria.

Tolu tinha 32 anos e era solteira. Toda vez que ficava noiva, o homem desaparecia de repente. Ela sonhava constantemente em se casar em cerimônias elaboradas. Em *"Greater Exploits" 14*, ela reconheceu que seu caso correspondia a um testemunho compartilhado ali. Ela passou por um jejum de três dias e orações noturnas de guerra à meia-noite, rompendo laços de alma e expulsando o espírito marinho que a havia tomado. Hoje, ela é casada e aconselha outras pessoas.

Lina, Filipinas.

Lina frequentemente sentia uma "presença" à sua volta à noite. Ela achava que estava imaginando coisas até que hematomas começaram a aparecer em suas pernas e coxas sem explicação. Seu pastor discerniu uma esposa espiritual. Ela confessou um passado de aborto e vício em pornografia, e então passou por uma libertação. Agora, ela ajuda jovens mulheres a identificar padrões semelhantes em sua comunidade.

Plano de Ação – Quebrando a Aliança

1. **Confesse** e arrependa-se de pecados sexuais, laços de alma, exposição oculta ou rituais ancestrais.
2. **Rejeite** todos os casamentos espirituais em oração — nominalmente, se revelado.
3. **Jejue** por 3 dias (ou conforme orientado) com Isaías 54 e Salmo 18 como escrituras âncora.
4. **Destrua** símbolos físicos: anéis, roupas ou presentes vinculados a amantes passados ou afiliações ocultas.
5. **Declare em voz alta** :

Não sou casada com nenhum espírito. Tenho uma aliança com Jesus Cristo. Rejeito toda união demoníaca em meu corpo, alma e espírito!

Ferramentas de Escritura

- Isaías 54:4–8 – Deus como seu verdadeiro Marido
- Salmo 18 – Quebrando as cordas da morte
- 1 Coríntios 6:15–20 – O seu corpo pertence ao Senhor

- Oséias 2:6–8 – Quebrando alianças ímpias

Aplicação em grupo

- Pergunte aos membros do grupo: Vocês já tiveram sonhos com casamentos, sexo com estranhos ou figuras sombrias à noite?
- Liderar um grupo de renúncia de cônjuges espirituais.
- Faça uma dramatização de um "tribunal de divórcio no céu" — cada participante registra um divórcio espiritual diante de Deus em oração.
- Use óleo de unção na cabeça, barriga e pés como símbolos de limpeza, reprodução e movimento.

Visão principal

Casamentos demoníacos são reais. Mas não há união espiritual que não possa ser quebrada pelo sangue de Jesus.

Diário de Reflexão

- Tenho tido sonhos recorrentes sobre casamento ou sexo?
- Existem padrões de rejeição, atraso ou aborto na minha vida?
- Estou disposto a entregar totalmente meu corpo, sexualidade e futuro a Deus?

Oração de Libertação

Pai Celestial, arrependo-me de todo pecado sexual, conhecido ou desconhecido. Rejeito e renuncio a todo cônjuge espiritual, espírito marinho ou casamento oculto que reivindique minha vida. Pelo poder do sangue de Jesus, quebro toda aliança, semente de sonho e laço de alma. Declaro que sou a Noiva de Cristo, separada para a Sua glória. Ando livre, em nome de Jesus. Amém.

DIA 4: OBJETOS AMALDIÇOADOS – PORTAS QUE PROFILIFICAM

"Não traga nenhuma abominação para dentro de sua casa, para que você não seja amaldiçoado como ela." — Deuteronômio 7:26

Uma entrada oculta que muitos ignoram

Nem toda posse é apenas uma posse. Algumas coisas carregam história. Outras carregam espíritos. Objetos amaldiçoados não são apenas ídolos ou artefatos — podem ser livros, joias, estátuas, símbolos, presentes, roupas ou até mesmo relíquias de família que outrora foram dedicadas a forças obscuras. O que está na sua prateleira, no seu pulso, na sua parede — pode ser a porta de entrada para o tormento em sua vida.

Observações Globais

- **África** : Cabaças, amuletos e pulseiras associados a feiticeiros ou ao culto aos ancestrais.
- **Ásia** : Amuletos, estátuas do zodíaco e lembranças de templos.
- **América Latina** : colares de Santeria, bonecas, velas com inscrições de espíritos.
- **América do Norte** : cartas de tarô, tabuleiros Ouija, apanhadores de sonhos, recordações de terror.
- **Europa** : Relíquias pagãs, livros de ocultismo, acessórios com temas de bruxas.

Um casal na Europa sofreu uma doença repentina e opressão espiritual após retornar de férias em Bali. Sem saber, eles haviam comprado uma estátua esculpida dedicada a uma divindade marinha local. Após oração e discernimento, removeram a estátua e a queimaram. A paz retornou imediatamente.

Outra mulher dos depoimentos do *Greater Exploits* relatou pesadelos inexplicáveis, até que foi revelado que um colar presenteado por sua tia era na verdade um dispositivo de monitoramento espiritual consagrado em um santuário.

Você não limpa sua casa apenas fisicamente — você também deve limpá-la espiritualmente.

Testemunho: "A Boneca Que Me Observava"

Lourdes Valdivia, cuja história exploramos anteriormente na América do Sul, certa vez recebeu uma boneca de porcelana durante uma festa de família. Sua mãe a consagrou em um ritual oculto. Desde a noite em que a trouxeram para seu quarto, Lourdes começou a ouvir vozes, a sofrer de paralisia do sono e a ver vultos à noite.

Só quando uma amiga cristã orou com ela e o Espírito Santo lhe revelou a origem da boneca é que ela se livrou dela. Imediatamente, a presença demoníaca desapareceu. Isso deu início ao seu despertar — da opressão para a libertação.

Plano de Ação – Auditoria da Casa e do Coração

1. **Ande por todos os cômodos** da sua casa com óleo de unção e a Palavra.
2. **Peça ao Espírito Santo** para destacar objetos ou presentes que não são de Deus.
3. **Queime ou descarte** itens que estejam ligados ao ocultismo, idolatria ou imoralidade.
4. **Feche todas as portas** com escrituras como:
    - *Deuteronômio 7:26*
    - *Atos 19:19*
    - *2 Coríntios 6:16–18*

Discussão e ativação em grupo

- Compartilhe quaisquer itens ou presentes que você teve e que tiveram efeitos incomuns em sua vida.
- Criem juntos uma "Lista de Verificação de Limpeza da Casa".
- Designe parceiros para orarem no ambiente doméstico um do outro (com permissão).

- Convide um ministro de libertação local para liderar uma oração profética de purificação do lar.

Ferramentas para o Ministério: Óleo de unção, música de adoração, sacos de lixo (para descarte real) e um recipiente à prova de fogo para itens a serem destruídos.

Visão principal
O que você permite em seu espaço pode autorizar espíritos em sua vida.

Diário de Reflexão

- Quais itens na minha casa ou guarda-roupa têm origens espirituais pouco claras?
- Eu me apeguei a algo por valor sentimental e agora preciso abrir mão dele?
- Estou pronto para santificar meu espaço para o Espírito Santo?

Oração de Purificação
Senhor Jesus, convido o Teu Espírito Santo a expor tudo em meu lar que não seja Teu. Renuncio a todo objeto, presente ou item amaldiçoado que esteja ligado à escuridão. Declaro meu lar solo sagrado. Que a Tua paz e pureza habitem aqui. Em nome de Jesus. Amém.

DIA 5: ENCANTADO E ENGANADO — LIBERTANDO-SE DO ESPÍRITO DE ADIVINHAÇÃO

"Estes homens são servos do Deus Altíssimo , que nos anunciam o caminho da salvação." — *Atos 16:17 (NVI)*

"Mas Paulo, muito contrariado, voltou-se e disse ao espírito: 'Em nome de Jesus Cristo, eu te ordeno que saias dela'. E ele saiu na mesma hora." — *Atos 16:18*

Há uma linha tênue entre profecia e adivinhação — e muitos hoje a cruzam sem nem saber.

De profetas do YouTube cobrando por "palavras pessoais" a leitores de tarô nas redes sociais citando escrituras, o mundo se tornou um mercado de ruído espiritual. E, tragicamente, muitos crentes estão, sem saber, bebendo de fontes poluídas.

O **espírito da adivinhação** imita o Espírito Santo. Ele bajula, seduz, manipula emoções e enreda suas vítimas em uma teia de controle. Seu objetivo? **Enredar, enganar e escravizar espiritualmente.**

Expressões Globais de Adivinhação

- **África** – Oráculos, sacerdotes de Ifá , médiuns espirituais da água, fraude profética.
- **Ásia** – Leitores de mãos, astrólogos, videntes ancestrais, "profetas" da reencarnação.
- **América Latina** – Profetas da santeria, fabricantes de amuletos, santos com poderes obscuros.
- **Europa** – Cartas de tarô, clarividência, círculos mediúnicos, canalização da Nova Era.
- **América do Norte** – médiuns "cristãos", numerologia em igrejas,

cartas de anjos, guias espirituais disfarçados de Espírito Santo.

O que é perigoso não é apenas o que dizem, mas o **espírito** por trás disso.

Testemunho: De Vidente a Cristo

Uma americana testemunhou no YouTube como deixou de ser uma "profetisa cristã" para perceber que estava agindo sob um espírito de adivinhação. Ela começou a ter visões com clareza, a proferir palavras proféticas detalhadas e a atrair grandes multidões online. Mas também lutava contra a depressão, pesadelos e ouvia vozes sussurrantes após cada sessão.

Um dia, enquanto assistia a um ensinamento sobre *Atos 16*, a balança caiu. Ela percebeu que nunca havia se submetido ao Espírito Santo — apenas ao seu dom. Após profundo arrependimento e libertação, ela destruiu seus cartões de anjo e seu diário de jejum repleto de rituais. Hoje, ela prega Jesus, não mais "palavras".

Plano de Ação – Testando os Espíritos

1. Pergunte: Esta palavra/presente me atrai para **Cristo** ou para a **pessoa** que o oferece?
2. Teste todo espírito com *1 João 4:1–3*.
3. Arrependa-se de qualquer envolvimento com práticas proféticas psíquicas, ocultas ou falsas.
4. Rompa todos os laços de alma com falsos profetas, adivinhos ou instrutores de bruxaria (mesmo online).
5. Declare com ousadia:

"Rejeito todo espírito mentiroso. Pertenço somente a Jesus. Meus ouvidos estão atentos à Sua voz!"

Aplicação em grupo

- Discuta: Você já seguiu um profeta ou guia espiritual que depois se revelou falso?
- Exercício em grupo: leve os membros a renunciarem a práticas específicas como astrologia, leituras da alma, jogos psíquicos ou influenciadores espirituais não enraizados em Cristo.
- Convide o Espírito Santo: Reserve 10 minutos para silêncio e escuta.

Depois, compartilhe o que Deus revelar — se revelar algo.
- Grave ou exclua itens digitais/físicos relacionados à adivinhação, incluindo livros, aplicativos, vídeos ou notas.

Ferramentas do Ministério:
Óleo de libertação, cruz (símbolo de submissão), lixeira/balde para descartar itens simbólicos, música de adoração centrada no Espírito Santo.

Visão principal
Nem todo sobrenatural vem de Deus. A verdadeira profecia flui da intimidade com Cristo, não de manipulação ou espetáculo.

Diário de Reflexão

- Já me senti atraído por práticas espirituais psíquicas ou manipulativas?
- Sou mais viciado em "palavras" do que na Palavra de Deus?
- A que vozes dei acesso que agora precisam ser silenciadas?

ORAÇÃO DE LIBERTAÇÃO

Pai, eu me afasto de todo espírito de adivinhação, manipulação e profecia falsa. Arrependo-me de buscar direção à parte da Tua voz. Purifica minha mente, minha alma e meu espírito. Ensina-me a andar somente pelo Teu Espírito. Fecho todas as portas que abri para o ocultismo, consciente ou inconscientemente. Declaro que Jesus é meu Pastor e ouço apenas a Sua voz. Em nome poderoso de Jesus, Amém.

DIA 6: PORTÕES DO OLHO – FECHANDO OS PORTAIS DA ESCURIDÃO

"Os olhos são a lâmpada do corpo. Se os seus olhos forem saudáveis, todo o seu corpo terá luz."
— *Mateus 6:22 (NVI)*

"Não porei coisa má diante dos meus olhos..." — *Salmo 101:3 (KJV)*

No reino espiritual, **seus olhos são portões.** O que entra pelos seus olhos afeta sua alma — para pureza ou poluição. O inimigo sabe disso. É por isso que a mídia, as imagens, a pornografia, os filmes de terror, os símbolos ocultos, as tendências da moda e o conteúdo sedutor se tornaram campos de batalha.

A guerra pela sua atenção é uma guerra pela sua alma.

O que muitos consideram "entretenimento inofensivo" é frequentemente um convite codificado — à luxúria, ao medo, à manipulação, ao orgulho, à vaidade, à rebelião ou até mesmo ao apego demoníaco.

Portais Globais de Escuridão Visual

- **África** – Filmes rituais, temas de Nollywood que normalizam a bruxaria e a poligamia.
- **Ásia** – Animes e mangás com portais espirituais, espíritos sedutores, viagens astrais.
- **Europa** – Moda gótica, filmes de terror, obsessões por vampiros, arte satânica.
- **América Latina** – Telenovelas glorificando feitiçaria, maldições e vingança.
- **América do Norte** – Grandes meios de comunicação, videoclipes, pornografia, desenhos animados demoníacos "fofos".

Aquilo que você constantemente observa, te deixa insensível.

História: "O desenho animado que amaldiçoou meu filho"

Uma mãe dos EUA notou que seu filho de 5 anos começou a gritar à noite e a desenhar imagens perturbadoras. Após a oração, o Espírito Santo a mostrou um desenho animado que seu filho estava assistindo secretamente — cheio de feitiços, espíritos falantes e símbolos que ela não havia notado.

Ela apagou os programas e ungiu sua casa e telas. Depois de várias noites de oração da meia-noite e do Salmo 91, os ataques cessaram e o menino começou a dormir em paz. Ela agora lidera um grupo de apoio que ajuda pais a proteger os portões visuais de seus filhos.

Plano de Ação – Purificando o Portão dos Olhos

1. Faça uma **auditoria de mídia** : o que você está assistindo? Lendo? Rolando?
2. Cancele assinaturas ou plataformas que alimentam sua carne em vez de sua fé.
3. Unja seus olhos e telas, declarando o Salmo 101:3.
4. Substitua o lixo por informações piedosas — documentários, adoração, puro entretenimento.
5. Declarar:

"Não porei coisa vil diante dos meus olhos. Minha visão pertence a Deus."

Aplicação em grupo

- Desafio: Jejum Eye Gate de 7 dias — sem mídia tóxica, sem rolagem ociosa.
- Compartilhar: Qual conteúdo o Espírito Santo lhe disse para parar de assistir?
- Exercício: Coloque as mãos sobre os olhos e renuncie a qualquer contaminação através da visão (por exemplo, pornografia, horror, vaidade).
- Atividade: Convide os membros a excluir aplicativos, queimar livros ou descartar itens que corrompem sua visão.

Ferramentas: Azeite de oliva, aplicativos de prestação de contas, protetores de tela com escrituras, cartões de oração com o portão dos olhos.

Visão principal

Você não pode andar com autoridade sobre demônios se você for entretido por eles.

Diário de Reflexão

- O que alimento meus olhos que pode estar alimentando a escuridão em minha vida?
- Quando foi a última vez que chorei por algo que parte o coração de Deus?
- Dei ao Espírito Santo controle total sobre o meu tempo de tela?

Oração da Pureza

Senhor Jesus, peço que o Teu sangue lave os meus olhos. Perdoa-me pelas coisas que permiti entrar através das minhas telas, livros e imaginações. Hoje, declaro que meus olhos são para a luz, não para as trevas. Rejeito toda imagem, luxúria e influência que não venha de Ti. Purifica a minha alma. Guarda o meu olhar. E deixa-me ver o que Tu vês — em santidade e verdade. Amém.

DIA 7: O PODER POR TRÁS DOS NOMES — RENUNCIANDO ÀS IDENTIDADES PROFANAS

"E Jabez invocou o Deus de Israel, dizendo: 'Oh! Que me abençoes muitíssimo...' E Deus lhe concedeu o que ele pediu."
— *1 Crônicas 4:10*

"Você não será mais chamado Abrão, mas Abraão..." — *Gênesis 17:5*

Nomes não são apenas rótulos — são declarações espirituais. Nas escrituras, os nomes frequentemente refletiam destino, personalidade ou até mesmo escravidão. Nomear algo é dar-lhe identidade e direção. O inimigo entende isso — é por isso que muitas pessoas, sem saber, estão presas sob nomes dados em meio à ignorância, à dor ou à escravidão espiritual.

Assim como Deus mudou os nomes (Abrão para Abraão, Jacó para Israel, Sarai para Sara), Ele ainda muda os destinos renomeando Seu povo.

Contextos globais de escravidão de nomes

- **África** – Crianças com nomes de ancestrais mortos ou ídolos ("Ogbanje", "Dike", " Ifunanya " associados a significados).
- **Ásia** – Nomes de reencarnação ligados a ciclos cármicos ou divindades.
- **Europa** – Nomes enraizados na herança pagã ou de bruxaria (por exemplo, Freya, Thor, Merlin).
- **América Latina** – Nomes influenciados pela Santeria, especialmente por meio de batismos espirituais.
- **América do Norte** – Nomes tirados da cultura pop, movimentos de rebelião ou dedicatórias ancestrais.

Os nomes são importantes — e podem trazer poder, bênçãos ou escravidão.

História: "Por que tive que mudar o nome da minha filha"

Em *Greater Exploits 14* , um casal nigeriano batizou sua filha de "Amaka", que significa "bela", mas ela sofria de uma doença rara que desconcertava os médicos. Durante uma conferência profética, a mãe recebeu uma revelação: o nome já havia sido usado por sua avó, uma feiticeira, cujo espírito agora reivindicava a criança.

Mudaram o nome dela para " Oluwatamilore " (Deus me abençoou), seguido de jejum e orações. A criança se recuperou completamente.

Outro caso na Índia envolveu um homem chamado "Karma", que lutava contra maldições geracionais. Após renunciar aos laços hindus e mudar seu nome para "Jonathan", ele começou a ter avanços nas finanças e na saúde.

Plano de Ação – Investigando Seu Nome

1. Pesquise o significado completo dos seus nomes — nome, nome do meio, sobrenome.
2. Pergunte aos pais ou aos mais velhos por que você recebeu esses nomes.
3. Renuncie a significados espirituais negativos ou dedicatórias em oração.
4. Declare sua identidade divina em Cristo:

"Sou chamado pelo nome de Deus. Meu novo nome está escrito no céu (Apocalipse 2:17)."

ENGAJAMENTO DO GRUPO

- Pergunte aos membros: O que significa o seu nome? Você já teve sonhos envolvendo ele?
- Faça uma "oração de nomeação" — declarando profeticamente a identidade de cada pessoa.
- Imponha as mãos sobre aqueles que precisam romper com nomes presos a convênios ou à escravidão ancestral.

Ferramentas: Imprima cartões com o significado dos nomes, leve óleo de unção, use escrituras de mudança de nome.

Visão principal

Você não pode andar em sua verdadeira identidade enquanto ainda responde a uma falsa.

Diário de Reflexão

- O que meu nome significa — espiritual e culturalmente?
- Sinto-me alinhado com meu nome ou em conflito com ele?
- Que nome o céu me chama?

Oração de Renomeação

Pai, em nome de Jesus, eu Te agradeço por me dar uma nova identidade em Cristo. Eu quebro toda maldição, aliança ou laço demoníaco ligado aos meus nomes. Renuncio a todo nome que não se alinha com a Tua vontade. Recebo o nome e a identidade que o céu me deu — cheios de poder, propósito e pureza. Em nome de Jesus, Amém.

DIA 8: DESMASCARANDO A FALSA LUZ — ARMADILHAS DA NOVA ERA E ENGANOS ANGÉLICOS

"*E não é de admirar! Pois o próprio Satanás se transforma em anjo de luz.*" — 2 Coríntios 11:14

"*Amados, não creiam em qualquer espírito, mas testem os espíritos para ver se eles vêm de Deus...*" — 1 João 4:1

Nem tudo que brilha é Deus.

No mundo de hoje, um número crescente de pessoas busca "luz", "cura" e "energia" fora da Palavra de Deus. Elas recorrem à meditação, altares de ioga, ativações do terceiro olho, invocação de ancestrais, leituras de tarô, rituais lunares, canalização angelical e até mesmo misticismo com sotaque cristão. O engano é forte porque muitas vezes vem acompanhado de paz, beleza e poder — a princípio.

Mas por trás desses movimentos estão espíritos de adivinhação, falsas profecias e divindades antigas que usam máscaras de luz para obter acesso legal às almas das pessoas.

Alcance global da luz falsa

- **América do Norte** – Cristais, limpeza com sálvia, lei da atração, médiuns, códigos de luz alienígena.
- **Europa** – Paganismo renomeado, adoração à deusa, bruxaria branca, festivais espirituais.
- **América Latina** – Santeria misturada com santos católicos e curandeiros espíritas.
- **África** – Falsificações proféticas usando altares de anjos e água ritual.
- **Ásia** – Chakras, "iluminação" de yoga, aconselhamento sobre reencarnação, espíritos de templos.

Essas práticas podem oferecer uma "luz" temporária, mas escurecem a alma com o tempo.

Testemunho: Libertação da Luz que Enganava

Do *Greater Exploits 14*, Mercy (Reino Unido) frequentava workshops sobre anjos e praticava meditação "cristã" com incenso, cristais e cartas de anjos. Ela acreditava estar acessando a luz de Deus, mas logo começou a ouvir vozes durante o sono e a sentir um medo inexplicável à noite.

Sua libertação começou quando alguém lhe presenteou com *The Jameses Exchange*, e ela percebeu as semelhanças entre suas experiências e as de um ex-satanista que falava de enganos angelicais. Ela se arrependeu, destruiu todos os objetos ocultos e se submeteu a orações de libertação completa.

Hoje, ela testemunha corajosamente contra o engano da Nova Era nas igrejas e ajudou outros a renunciarem a caminhos semelhantes.

Plano de Ação – Testando os Espíritos

1. **Faça um inventário de suas práticas e crenças** — Elas estão alinhadas com as Escrituras ou apenas parecem espirituais?
2. **Renuncie e destrua** todos os materiais de luz falsa: cristais, manuais de ioga, cartas de anjo, apanhadores de sonhos, etc.
3. **Ore o Salmo 119:105** — peça a Deus para fazer da Sua Palavra sua única luz.
4. **Declare guerra à confusão** — prenda espíritos familiares e falsas revelações.

APLICAÇÃO EM GRUPO

- **Discuta**: Você ou alguém que você conhece foi atraído para práticas "espirituais" que não eram centradas em Jesus?
- **Discernimento de dramatização**: leia trechos de ditos "espirituais" (por exemplo, "Confie no universo") e compare-os com as Escrituras.
- **Sessão de Unção e Libertação**: Quebre os altares da falsa luz e substitua-os pela aliança com a *Luz do Mundo* (João 8:12).

Ferramentas do Ministério :

- Leve itens reais da Nova Era (ou fotos deles) para ensino com objetos.
- Ofereça uma oração de libertação contra espíritos familiares (veja Atos 16:16–18).

Visão principal
A arma mais perigosa de Satanás não é a escuridão — é a luz falsificada.

Diário de Reflexão

- Abri portas espirituais por meio de ensinamentos "leves" não enraizados nas Escrituras?
- Confio no Espírito Santo ou na intuição e na energia?
- Estou disposto a abrir mão de todas as formas de falsa espiritualidade pela verdade de Deus?

ORAÇÃO DE RENÚNCIA

Pai , arrependo-me de toda forma como me acolhi ou me envolvi com a falsa luz. Renuncio a todas as formas de Nova Era, bruxaria e espiritualidade enganosa. Rompo todos os laços da alma com impostores angélicos, guias espirituais e falsas revelações. Recebo Jesus, a verdadeira Luz do mundo. Declaro que não seguirei nenhuma voz além da Tua, em nome de Jesus. Amém.

DIA 9: O ALTAR DE SANGUE — ALIANÇAS QUE EXIGEM UMA VIDA

"*E construíram os altos de Baal... para fazerem passar seus filhos e suas filhas pelo fogo a Moloque.*" — Jeremias 32:35
"*E eles o venceram pelo sangue do Cordeiro e pela palavra do seu testemunho...*" — Apocalipse 12:11

Há altares que não apenas pedem sua atenção — eles exigem seu sangue.

Desde os tempos antigos até os dias atuais, os pactos de sangue têm sido uma prática central do reino das trevas. Alguns são firmados conscientemente por meio de bruxaria, aborto, assassinatos rituais ou iniciações ocultas. Outros são herdados por meio de práticas ancestrais ou unidos inconscientemente por ignorância espiritual.

Onde quer que sangue inocente seja derramado — seja em santuários, quartos ou salas de reuniões — um altar demoníaco fala.

Esses altares ceifam vidas, abreviam destinos e criam uma base legal para aflições demoníacas.

Altares Globais de Sangue

- **África** – Assassinatos rituais, rituais de dinheiro, sacrifícios de crianças, pactos de sangue no nascimento.
- **Ásia** – Ofertas de sangue no templo, maldições familiares por meio de aborto ou juramentos de guerra.
- **América Latina** – Sacrifícios de animais de santeria, oferendas de sangue aos espíritos dos mortos.
- **América do Norte** – Ideologia do aborto como sacramento, fraternidades demoníacas de juramento de sangue.
- **Europa** – Antigos ritos druidas e maçons, altares de derramamento de sangue da era da Guerra Mundial ainda não arrependidos.

Esses acordos, a menos que sejam quebrados, continuam ceifando vidas, muitas vezes em ciclos.

História Real: O Sacrifício de um Pai

Em *"Libertada do Poder das Trevas"*, uma mulher da África Central descobriu, durante uma sessão de libertação, que seus frequentes encontros com a morte estavam ligados a um juramento de sangue feito por seu pai. Ele havia prometido a ela a vida em troca de riqueza após anos de infertilidade.

Após a morte do pai, ela começou a ver sombras e a sofrer acidentes quase fatais todos os anos no seu aniversário. Sua descoberta veio quando foi levada a declarar o Salmo 118:17 — *"Não morrerei, mas viverei..."* — sobre si mesma diariamente, seguido por uma série de orações de renúncia e jejum. Hoje, ela lidera um poderoso ministério de intercessão.

Outro relato do *Greater Exploits 14* descreve um homem na América Latina que participou de uma iniciação de gangue que envolvia derramamento de sangue. Anos depois, mesmo após aceitar a Cristo, sua vida estava em constante turbulência — até que ele quebrou a aliança de sangue por meio de um jejum prolongado, confissão pública e batismo nas águas. O tormento cessou.

Plano de Ação – Silenciando os Altares de Sangue

1. **Arrependa-se** de qualquer aborto, pactos de sangue oculto ou derramamento de sangue herdado.
2. **Renuncie** a todos os pactos de sangue conhecidos e desconhecidos em voz alta e nominal.
3. **Jejue por 3 dias** com comunhão diária, declarando o sangue de Jesus como sua cobertura legal.
4. **Declare em voz alta** :

"Pelo sangue de Jesus, quebro toda aliança de sangue feita em meu nome. Estou redimido!"

APLICAÇÃO EM GRUPO

- Discuta a diferença entre laços de sangue naturais e pactos de sangue demoníacos.

- Use fita/linha vermelha para representar altares de sangue e tesouras para cortá-los profeticamente.
- Peça o testemunho de alguém que se libertou da escravidão ligada ao sangue.

Ferramentas do Ministério :

- Elementos da comunhão
- Óleo de unção
- Declarações de libertação
- Se possível, imagem de quebra de altar à luz de velas

Visão principal

Satanás negocia com sangue. Jesus pagou caro pela sua liberdade com a Dele.

Diário de Reflexão

- Eu ou minha família participamos de algo que envolveu derramamento de sangue ou juramentos?
- Há mortes recorrentes, abortos espontâneos ou padrões violentos na minha linhagem?
- Confiei plenamente que o sangue de Jesus falará mais alto em minha vida?

Oração de Libertação

Senhor Jesus , eu Te agradeço pelo Teu precioso sangue, que fala mais alto que o sangue de Abel. Arrependo-me de qualquer aliança de sangue que eu ou meus ancestrais fizemos, consciente ou inconscientemente. Eu as renuncio agora. Declaro que estou coberto pelo sangue do Cordeiro. Que todo altar demoníaco que exige minha vida seja silenciado e destruído. Eu vivo porque Tu morreste por mim. Em nome de Jesus, Amém.

DIA 10: ESTERILIDADE E QUEBRA — QUANDO O ÚTERO SE TORNA UM CAMPO DE BATALHA

"*Ninguém abortará nem será estéril na tua terra; completarei o número dos teus dias.*" — Êxodo 23:26

"*Ele dá à mulher estéril uma família, tornando-a uma mãe feliz. Louvado seja o Senhor!*" — Salmo 113:9

A infertilidade é mais do que uma questão médica. Pode ser uma fortaleza espiritual enraizada em profundas batalhas emocionais, ancestrais e até territoriais.

Em todas as nações, a esterilidade é usada pelo inimigo para envergonhar, isolar e destruir mulheres e famílias. Embora algumas causas sejam fisiológicas, muitas são profundamente espirituais — ligadas a altares geracionais, maldições, cônjuges espirituais, destinos abortados ou feridas da alma.

Por trás de cada útero infrutífero, o céu guarda uma promessa. Mas muitas vezes há uma guerra que precisa ser travada antes da concepção — no útero e no espírito.

Padrões globais de esterilidade

- **África** – Ligado à poligamia, maldições ancestrais, pactos de santuários e filhos espirituais.
- **Ásia** – Crenças de carma, votos de vidas passadas, maldições geracionais, cultura da vergonha.
- **América Latina** – Fechamento de útero induzido por bruxaria, feitiços de inveja.
- **Europa** – dependência excessiva da fertilização in vitro, sacrifícios de crianças na Maçonaria, culpa pelo aborto.
- **América do Norte** – Traumas emocionais, feridas na alma, ciclos de

aborto espontâneo, medicamentos que alteram os hormônios.

HISTÓRIAS REAIS – DAS Lágrimas aos Testemunhos
Maria da Bolívia (América Latina)

Maria sofreu cinco abortos espontâneos. Em cada um deles, sonhava que segurava um bebê chorando e, na manhã seguinte, via sangue. Os médicos não conseguiam explicar sua condição. Depois de ler um depoimento em *Greater Exploits*, ela percebeu que havia herdado um altar familiar de esterilidade de uma avó que havia dedicado todos os úteros femininos a uma divindade local.

Ela jejuou e recitou o Salmo 113 por 14 dias. Seu pastor a orientou a quebrar a aliança por meio da comunhão. Nove meses depois, ela deu à luz gêmeos.

Ngozi, da Nigéria (África)

Ngozi estava casada há 10 anos, sem filhos. Durante orações de libertação, foi revelado que ela havia se casado no reino espiritual com um homem da marinha. A cada ciclo de ovulação, ela tinha sonhos sexuais. Após uma série de orações de guerra à meia-noite e um ato profético de queimar sua aliança de uma iniciação oculta passada, seu útero se abriu.

Plano de Ação – Abertura do Útero

1. **Identifique a raiz** – ancestral, emocional, conjugal ou médica.
2. **Arrependa-se de abortos passados**, laços de alma, pecados sexuais e dedicações ocultas.
3. **Unja seu ventre diariamente** enquanto declara Êxodo 23:26 e Salmo 113.
4. **Jejue por 3 dias** e comungue diariamente, rejeitando todos os altares ligados ao seu ventre.
5. **Fale em voz alta**:

Meu ventre é abençoado. Rejeito toda aliança de esterilidade. Conceberei e darei à luz pelo poder do Espírito Santo!

Aplicação em grupo

- Convide mulheres (e casais) para compartilhar os fardos da demora em um espaço seguro e de oração.
- Use lenços ou panos vermelhos amarrados na cintura — e depois desamarrados profeticamente como um sinal de liberdade.
- Lidere uma cerimônia profética de "nomeação" — declare que as crianças ainda nascerão pela fé.
- Quebre palavrões, vergonha cultural e ódio de si mesmo nos círculos de oração.

Ferramentas do Ministério:

- Azeite de oliva (ungir úteros)
- Comunhão
- Mantos/xales (simbolizando cobertura e novidade)

Visão principal

A esterilidade não é o fim — é um chamado à guerra, à fé e à restauração. A demora de Deus não é negação.

Diário de Reflexão

- Que feridas emocionais ou espirituais estão ligadas ao meu útero?
- Permiti que a vergonha ou a amargura substituíssem minha esperança?
- Estou disposto a confrontar as causas básicas com fé e ação?

Oração de Cura e Concepção

Pai, eu me firmo na Tua Palavra que diz que ninguém será estéril na terra. Rejeito toda mentira, altar e espírito designados para bloquear minha fecundidade. Perdoo a mim mesma e aos outros que falaram mal do meu corpo. Recebo cura, restauração e vida. Declaro meu ventre frutífero e minha alegria plena. Em nome de Jesus. Amém.

DIA 11: DOENÇAS AUTOIMUNES E FADIGA CRÔNICA — A GUERRA INVISÍVEL INTERIOR

"*Uma casa dividida contra si mesma não subsistirá.*" — Mateus 12:25
"*Ele dá força aos fracos, e multiplica as forças aos que não têm força.*" — Isaías 40:29

Doenças autoimunes ocorrem quando o corpo ataca a si mesmo — confundindo suas próprias células com inimigas. Lúpus, artrite reumatoide, esclerose múltipla, Hashimoto e outras se enquadram nesse grupo.

Síndrome da fadiga crônica (SFC), fibromialgia e outros transtornos de exaustão inexplicáveis frequentemente se sobrepõem a problemas autoimunes. Mas, além do biológico, muitos que sofrem carregam traumas emocionais, feridas na alma e fardos espirituais.

O corpo clama — não apenas por medicação, mas por paz. Muitos estão em guerra interior.

Vislumbre Global

- **África** – Aumento de diagnósticos autoimunes associados a traumas, poluição e estresse.
- **Ásia** – Altas taxas de distúrbios da tireoide estão associadas à supressão ancestral e à cultura da vergonha.
- **Europa e América** – Epidemia de fadiga crônica e burnout devido à cultura voltada para o desempenho.
- **América Latina** – Pacientes frequentemente recebem diagnósticos errados; estigma e ataques espirituais por meio da fragmentação da alma ou maldições.

Raízes Espirituais Ocultas

- **Ódio ou vergonha de si mesmo** — sentir-se "não bom o suficiente".
- **Falta de perdão para consigo mesmo ou para com os outros** — o sistema imunológico imita a condição espiritual.
- **Dor ou traição não processada** — abrem as portas para a fadiga da alma e o colapso físico.
- **Flechas de aflição de bruxaria ou ciúme** — usadas para drenar força espiritual e física.

Histórias reais – Batalhas travadas no escuro
Elena, da Espanha.
Elena foi diagnosticada com lúpus após um longo relacionamento abusivo que a deixou emocionalmente destruída. Em terapia e oração, foi revelado que ela havia internalizado o ódio, acreditando que não valia nada. Quando ela começou a se perdoar e a confrontar as feridas da alma com as Escrituras, suas crises diminuíram drasticamente. Ela testemunha o poder curativo da Palavra e a purificação da alma.

James dos EUA
James, um executivo corporativo motivado, sofreu um colapso de SFC após 20 anos de estresse ininterrupto. Durante a libertação, foi revelado que uma maldição geracional de luta sem descanso atormentava os homens de sua família. Ele entrou em um período de descanso, oração e confissão, e encontrou a restauração não apenas da saúde, mas também da identidade.

Plano de Ação – Curando a Alma e o Sistema Imunológico

1. **Ore o Salmo 103:1–5** em voz alta todas as manhãs — especialmente os v.3-5.
2. **Liste suas crenças internas** — o que você diz a si mesmo? Quebre mentiras.
3. **Perdoe profundamente** — especialmente a si mesmo.
4. **Participe da comunhão** para restabelecer a aliança do corpo — veja Isaías 53.
5. **Descanse em Deus** — o sábado não é opcional, é uma guerra espiritual contra o esgotamento.

Declaro que meu corpo não é meu inimigo. Cada célula em mim se alinhará com a ordem e a paz divinas. Recebo a força e a cura de Deus.

Aplicação em grupo

- Peça aos membros que compartilhem padrões de fadiga ou exaustão emocional que eles escondem.
- Faça um exercício de "despejo da alma" — escreva os fardos e depois queime-os ou enterre-os simbolicamente.
- Imponha as mãos sobre aqueles que sofrem de sintomas autoimunes; comande o equilíbrio e a paz.
- Incentive a anotação de gatilhos emocionais e escrituras de cura por 7 dias.

Ferramentas do Ministério:

- Óleos essenciais ou unções perfumadas para refrescar
- Diários ou blocos de notas
- Trilha sonora da meditação do Salmo 23

Visão principal
O que ataca a alma muitas vezes se manifesta no corpo. A cura deve fluir de dentro para fora.

Diário de Reflexão

- Sinto-me seguro em meu próprio corpo e pensamentos?
- Estou guardando vergonha ou culpa por fracassos ou traumas passados?
- O que posso fazer para começar a honrar o descanso e a paz como práticas espirituais?

Oração de Restauração
Senhor Jesus, Tu és o meu Curador. Hoje rejeito toda mentira de que estou quebrado, sujo ou condenado. Perdoo a mim mesmo e aos outros. Abençoo cada célula do meu corpo. Recebo paz na minha alma e alinhamento no meu sistema imunológico. Pelas Tuas pisaduras, estou curado. Amém.

DIA 12: EPILEPSIA E TORMENTO MENTAL — QUANDO A MENTE SE TORNA UM CAMPO DE BATALHA

"*Senhor, tem misericórdia de meu filho, porque é lunático e sofre muito; pois muitas vezes cai no fogo e muitas vezes na água.*" — Mateus 17:15

"*Deus não nos deu um espírito de covardia, mas de poder, de amor e de moderação.*" — 2 Timóteo 1:7

Algumas aflições não são apenas médicas — são campos de batalha espirituais disfarçados de doença.

Epilepsia, convulsões, esquizofrenia, episódios bipolares e padrões de tormento mental frequentemente têm raízes ocultas. Embora a medicação tenha seu lugar, o discernimento é crucial. Em muitos relatos bíblicos, convulsões e ataques mentais eram resultado de opressão demoníaca.

A sociedade moderna medica o que Jesus frequentemente *rejeita*.

Realidade Global

- **África** – Convulsões frequentemente atribuídas a maldições ou espíritos ancestrais.
- **Ásia** – Os epilépticos são frequentemente escondidos devido à vergonha e ao estigma espiritual.
- **América Latina** – Esquizofrenia associada à bruxaria geracional ou a vocações abortadas.
- **Europa e América do Norte** – O excesso de diagnósticos e medicamentos muitas vezes mascaram causas demoníacas.

Histórias Reais – Libertação no Fogo
Musa do norte da Nigéria

Musa sofria de crises epilépticas desde a infância. Sua família tentou de tudo — desde médicos nativos até orações da igreja. Um dia, durante um culto de libertação, o Espírito revelou que o avô de Musa o havia oferecido em troca de feitiçaria. Depois de quebrar o pacto e ungi-lo, ele nunca mais teve uma crise.

Daniel do Peru

Diagnosticado com transtorno bipolar, Daniel lutava contra sonhos e vozes violentas. Mais tarde, descobriu que seu pai havia se envolvido em rituais satânicos secretos nas montanhas. Orações de libertação e um jejum de três dias trouxeram clareza. As vozes cessaram. Hoje, Daniel está calmo, restaurado e se preparando para o ministério.

Sinais a serem observados

- Episódios repetidos de convulsão sem causa neurológica conhecida.
- Vozes, alucinações, pensamentos violentos ou suicidas.
- Perda de tempo ou memória, medo inexplicável ou convulsões físicas durante a oração.
- Padrões familiares de insanidade ou suicídio.

Plano de Ação – Assumindo Autoridade Sobre a Mente

1. Arrependa-se de todos os laços ocultos, traumas ou maldições conhecidas.
2. Imponha as mãos sobre a sua cabeça diariamente, declarando uma mente sã (2 Timóteo 1:7).
3. Jejue e ore pelos espíritos que prendem a mente.
4. Quebrar juramentos ancestrais, dedicatórias ou maldições de linhagem.
5. Se possível, junte-se a um forte parceiro de oração ou equipe de libertação.

Rejeito todo espírito de tormento, convulsão e confusão. Recebo uma mente sã e emoções estáveis em nome de Jesus!

Ministério e Aplicação em Grupo

- Identificar padrões familiares de doença mental ou convulsões.
- Ore por aqueles que sofrem — use óleo de unção na testa.
- Faça com que os intercessores andem pela sala declarando: "Paz, aquietai-vos!" (Marcos 4:39)
- Convide os afetados a romperem os acordos verbais: "Não estou louco. Estou curado e completo."

Ferramentas do Ministério:

- Óleo de unção
- Cartões de declaração de cura
- Música de adoração que ministra paz e identidade

Visão principal

Nem toda aflição é apenas física. Algumas estão enraizadas em antigas alianças e fundamentos legais demoníacos que devem ser enfrentados espiritualmente.

Diário de Reflexão

- Já fui atormentado em meus pensamentos ou no sono?
- Existem traumas não curados ou portas espirituais que preciso fechar?
- Que verdade posso declarar diariamente para ancorar minha mente na Palavra de Deus?

Oração da Solidez

Senhor Jesus, Tu és o Restaurador da minha mente. Renuncio a toda aliança, trauma ou espírito demoníaco que ataca meu cérebro, minhas emoções e minha clareza. Recebo cura e uma mente sã. Decreto que viverei e não morrerei. Funcionarei com força total, em nome de Jesus. Amém.

DIA 13: ESPÍRITO DO MEDO — QUEBRANDO A GAIOLA DO TORMENTO INVISÍVEL

"*Porque Deus não nos deu o espírito de covardia, mas de poder, de amor e de moderação.*" — 2 Timóteo 1:7

"*O medo traz tormento...*" — 1 João 4:18

O medo não é apenas uma emoção — pode ser um *espírito*.

Ele sussurra o fracasso antes mesmo de você começar. Ele amplifica a rejeição. Ele paralisa o propósito. Ele paralisa nações.

Muitos estão em prisões invisíveis construídas pelo medo: medo da morte, do fracasso, da pobreza, das pessoas, da doença, da guerra espiritual e do desconhecido.

Por trás de muitos ataques de ansiedade, transtornos de pânico e fobias irracionais está uma missão espiritual enviada para **neutralizar destinos**.

Manifestações Globais

- **África** – Medo enraizado em maldições geracionais, retaliações ancestrais ou reações negativas à bruxaria.
- **Ásia** – Vergonha cultural, medo cármico, ansiedades de reencarnação.
- **América Latina** – Medo de maldições, lendas de aldeias e retaliação espiritual.
- **Europa e América do Norte** – Ansiedade oculta, transtornos diagnosticados, medo de confronto, sucesso ou rejeição — geralmente espirituais, mas rotulados como psicológicos.

Histórias Reais – Desmascarando o Espírito
Sarah do Canadá

Durante anos, Sarah não conseguia dormir no escuro. Ela sempre sentia uma presença no quarto. Os médicos diagnosticaram como ansiedade, mas nenhum tratamento funcionou. Durante uma sessão de libertação online, foi revelado que um medo de infância abriu uma porta para um espírito atormentador através de um pesadelo e um filme de terror. Ela se arrependeu, renunciou ao medo e ordenou que ele fosse embora. Agora ela dorme em paz.

Uche da Nigéria

Uche foi chamado para pregar, mas toda vez que se colocava diante das pessoas, ele congelava. O medo era anormal — sufocante, paralisante. Em oração, Deus lhe mostrou uma palavra de maldição proferida por um professor que zombava de sua voz quando criança. Essa palavra formava uma corrente espiritual. Uma vez quebrada, ele começou a pregar com ousadia.

Plano de Ação – Superando o Medo

1. **Confesse qualquer medo pelo nome** : "Renuncio ao medo de [_____] em nome de Jesus."
2. **Leia em voz alta o Salmo 27 e Isaías 41 diariamente.**
3. **Adore até que a paz substitua o pânico.**
4. **Jejum da mídia baseada no medo — filmes de terror, notícias, fofocas.**
5. **Declare diariamente** : "Tenho uma mente sã. Não sou escravo do medo."

Aplicação em Grupo – Avanço Comunitário

- Pergunte aos membros do grupo: Qual medo mais os paralisou?
- Divida-se em pequenos grupos e lidere orações de **renúncia** e **substituição** (por exemplo, medo → ousadia, ansiedade → confiança).
- Peça para cada pessoa escrever um medo e queimá-lo como um ato profético.
- Use *óleo de unção* e *confissões bíblicas* um sobre o outro.

Ferramentas do Ministério:

- Óleo de unção

- Cartões de declaração das escrituras
- Música de adoração: "No Longer Slaves" de Bethel

Visão principal
O medo tolerado é **a fé contaminada**.
Você não pode ser ousado e medroso ao mesmo tempo — escolha a ousadia.

Diário de Reflexão

- Que medo ficou comigo desde a infância?
- Como o medo afetou minhas decisões, saúde ou relacionamentos?
- O que eu faria diferente se fosse completamente livre?

Oração de Liberdade do Medo
Pai, renuncio ao espírito do medo. Fecho todas as portas que, por traumas, palavras ou pecados, deram acesso ao medo. Recebo o Espírito de poder, amor e uma mente sã. Declaro ousadia, paz e vitória em nome de Jesus. O medo não tem mais lugar em minha vida. Amém.

DIA 14: MARCAS SATÂNICAS — APAGANDO A MARCA PROFANA

"*De agora em diante ninguém me moleste, porque trago no meu corpo as marcas do Senhor Jesus.*" — Gálatas 6:17

"*Eles porão o meu nome sobre os filhos de Israel, e eu os abençoarei.*" — Números 6:27

Muitos destinos são silenciosamente *marcados* no reino espiritual — não por Deus, mas pelo inimigo.

Essas marcas satânicas podem se manifestar na forma de sinais corporais estranhos, sonhos com tatuagens ou marcas, abuso traumático, rituais de sangue ou altares herdados. Algumas são invisíveis — discerníveis apenas pela sensibilidade espiritual — enquanto outras se manifestam como sinais físicos, tatuagens demoníacas, marcas espirituais ou enfermidades persistentes.

Quando uma pessoa é marcada pelo inimigo, ela pode experimentar:

- Rejeição constante e ódio sem causa.
- Ataques e bloqueios espirituais repetidos.
- Morte prematura ou crises de saúde em determinadas idades.
- Sendo rastreado no espírito — sempre visível à escuridão.

Essas marcas funcionam como *etiquetas legais*, dando aos espíritos das trevas permissão para atormentar, atrasar ou monitorar.

Mas o sangue de Jesus **purifica** e **renova a marca**.

Expressões globais

- **África** – Marcas tribais, cortes rituais, cicatrizes de iniciação oculta.
- **Ásia** – Selos espirituais, símbolos ancestrais, marcas cármicas.
- **América Latina** – Marcas de iniciação da Brujeria (bruxaria), sinais

de nascimento usados em rituais.
- **Europa** – Emblemas da Maçonaria, tatuagens invocando guias espirituais.
- **América do Norte** – Símbolos da Nova Era, tatuagens de abuso ritual, marcas demoníacas por meio de convênios ocultos.

Histórias Reais – O Poder do Rebranding
David de Uganda

Davi enfrentava constantemente rejeições. Ninguém conseguia explicar o porquê, apesar de seu talento. Em oração, um profeta viu um "X espiritual" em sua testa — uma marca de um ritual de infância realizado por um padre da aldeia. Durante a libertação, a marca foi espiritualmente apagada por meio de unção com óleo e declarações sobre o sangue de Jesus. Sua vida mudou em poucas semanas — ele se casou, conseguiu um emprego e se tornou um líder de jovens.

Sandra do Brasil

Sandra tinha uma tatuagem de dragão desde sua rebelião na adolescência. Depois de entregar sua vida a Cristo, ela notou ataques espirituais intensos sempre que jejuava ou orava. Seu pastor discerniu que a tatuagem era um símbolo demoníaco ligado a espíritos que a monitoravam. Após uma sessão de arrependimento, oração e cura interior, ela removeu a tatuagem e rompeu o laço de alma. Seus pesadelos cessaram imediatamente.

Plano de Ação – Apague a Marca

1. **Peça ao Espírito Santo** para revelar quaisquer marcas espirituais ou físicas em sua vida.
2. **Arrependa-se** de qualquer envolvimento pessoal ou herdado nos rituais que os permitiram.
3. **Aplique o sangue de Jesus** sobre seu corpo — testa, mãos, pés.
4. **Quebre espíritos de monitoramento, laços de alma e direitos legais** vinculados a marcas (veja as escrituras abaixo).
5. **Remova tatuagens físicas ou itens** (conforme indicado) que estejam ligados a pactos obscuros.

Aplicação do Grupo – Rebranding em Cristo

- Pergunte aos membros do grupo: Vocês já tiveram uma marca ou sonharam em ser marcados?
- Lidere uma oração de **purificação e rededicação** a Cristo.
- Unja a testa com óleo e declare: *"Agora vocês carregam a marca do Senhor Jesus Cristo".*
- Quebre os espíritos monitores e reconfigure sua identidade em Cristo.

Ferramentas do Ministério:

- Azeite de oliva (abençoado para unção)
- Espelho ou pano branco (ato simbólico de lavagem)
- Comunhão (selar a nova identidade

Visão principal

O que é marcado no espírito é **visto no espírito** — remova o que o inimigo usou para marcar você.

Diário de Reflexão

- Já vi marcas, hematomas ou símbolos estranhos no meu corpo sem explicação?
- Existem objetos, piercings ou tatuagens que preciso renunciar ou remover?
- Eu já rededicou totalmente meu corpo como templo do Espírito Santo?

Oração de Rebranding

Senhor Jesus , renuncio a toda marca, aliança e dedicação feita em meu corpo ou espírito fora da Tua vontade. Pelo Teu sangue, apago toda marca satânica. Declaro que estou marcado somente para Cristo. Que o Teu selo de propriedade esteja sobre mim e que todo espírito monitorador me perca de vista agora. Não sou mais visível para as trevas. Eu caminho livre — em nome de Jesus, Amém.

DIA 15: O REINO DO ESPELHO — ESCAPAR DA PRISÃO DAS REFLEXÕES

"*Porque agora vemos como por espelho, obscuramente; mas então veremos face a face...*" — 1 Coríntios 13:12

"*Têm olhos, mas não veem; têm ouvidos, mas não ouvem...*" — Salmo 115:5–6

Existe um **reino de espelhos** no mundo espiritual — um lugar de *identidades falsas*, manipulação espiritual e reflexos sombrios. O que muitos veem em sonhos ou visões pode não ser espelhos de Deus, mas ferramentas de engano do reino das trevas.

No ocultismo, espelhos são usados para **aprisionar almas**, **monitorar vidas** ou **transferir personalidades**. Em algumas sessões de libertação, as pessoas relatam se ver "vivendo" em outro lugar — dentro de um espelho, em uma tela ou atrás de um véu espiritual. Não se trata de alucinações. Muitas vezes, são prisões satânicas projetadas para:

- Fragmentar a alma
- Atrase o destino
- Confundir identidade
- Hospedar linhas do tempo espirituais alternativas

O objetivo? Criar uma *versão falsa* de você que viva sob controle demoníaco enquanto seu verdadeiro eu vive em confusão e derrota.

Expressões globais

- **África** – Bruxaria de espelho usada por feiticeiros para monitorar, capturar ou atacar.
- **Ásia** – Os xamãs usam tigelas de água ou pedras polidas para "ver" e

invocar espíritos.
- **Europa** – Rituais de espelho negro, necromancia através de reflexos.
- **América Latina** – Vidência através de espelhos de obsidiana nas tradições astecas.
- **América do Norte** – Portais de espelho da nova era, contemplação de espelhos para viagens astrais.

Testemunho — "A Menina no Espelho"
Maria das Filipinas

Maria sonhava em estar presa em uma sala cheia de espelhos. Cada vez que progredia na vida, via uma versão de si mesma no espelho, puxando-a para trás. Certa noite, durante a libertação, ela gritou e descreveu a si mesma "saindo de um espelho" rumo à liberdade. Seu pastor ungiu seus olhos e a orientou a renunciar à manipulação do espelho. Desde então, sua clareza mental, seus negócios e sua vida familiar se transformaram.

David, da Escócia.

David, antes imerso em meditação da Nova Era, praticava o "trabalho da sombra do espelho". Com o tempo, começou a ouvir vozes e a se ver fazendo coisas que nunca pretendia. Depois de aceitar a Cristo, um ministro de libertação rompeu os laços da alma do espelho e orou por sua mente. David relatou ter sentido como se uma "névoa se dissipasse" pela primeira vez em anos.

Plano de Ação – Quebre o Feitiço do Espelho

1. **Renuncie** a todo envolvimento conhecido ou desconhecido com espelhos usados espiritualmente.
2. **Cubra todos os espelhos da sua casa** com um pano durante a oração ou o jejum (se guiado).
3. **Unja seus olhos e testa** — declare que agora você vê apenas o que Deus vê.
4. **Use as Escrituras** para declarar sua identidade em Cristo, não em falsa reflexão:
   - *Isaías 43:1*
   - *2 Coríntios 5:17*
   - *João 8:36*

APLICAÇÃO DE GRUPO – Restauração de Identidade

- Pergunte: Você já teve sonhos envolvendo espelhos, sósias ou sendo observado?
- Lidere uma oração de recuperação de identidade — declarando liberdade de versões falsas de si mesmo.
- Coloque as mãos sobre os olhos (simbolicamente ou em oração) e reze pela clareza da visão.
- Use um espelho em grupo para declarar profeticamente: *"Eu sou quem Deus diz que eu sou. Nada mais."*

Ferramentas do Ministério:

- Pano branco (cobrindo símbolos)
- Azeite para unção
- Guia de declaração do espelho profético

Visão principal

O inimigo adora distorcer a maneira como você se vê — porque sua identidade é seu ponto de acesso ao destino.

Diário de Reflexão

- Eu acreditei em mentiras sobre quem eu sou?
- Já participei de rituais de espelho ou, sem saber, permiti bruxaria de espelho?
- O que Deus diz sobre quem eu sou?

Oração de Liberdade do Reino do Espelho

Pai Celestial, eu quebro toda aliança com o reino do espelho — todo reflexo obscuro, duplo espiritual e linha do tempo falsificada. Renuncio a todas as identidades falsas. Declaro que sou quem Tu dizes que eu sou. Pelo sangue de Jesus, saio da prisão dos reflexos e entro na plenitude do meu propósito. A partir de hoje, vejo com os olhos do Espírito — em verdade e clareza. Em nome de Jesus, Amém.

DIA 16: QUEBRANDO O LAÇO DAS MALDIÇÕES DAS PALAVRAS — REIVINDICANDO SEU NOME, SEU FUTURO

"*A morte e a vida estão no poder da língua...*" — Provérbios 18:21

"*Nenhuma arma forjada contra você prosperará, e você condenará toda língua que se levantar contra você em julgamento...*" — Isaías 54:17

Palavras não são apenas sons — são **recipientes espirituais**, que carregam o poder de abençoar ou unir. Muitas pessoas, sem saber, caminham sob o **peso de maldições proferidas** sobre elas por pais, professores, líderes espirituais, ex-amantes ou até mesmo por suas próprias bocas.

Alguns já ouviram isso antes:

- "Você nunca chegará a lugar nenhum."
- "Você é igual ao seu pai: inútil."
- "Tudo o que você toca falha."
- "Se eu não posso ter você, ninguém terá."
- "Você está amaldiçoado... observe e veja."

Palavras como essas, ditas com raiva, ódio ou medo — especialmente por alguém em posição de autoridade — podem se tornar uma armadilha espiritual. Até mesmo xingamentos autoproferidos como *"Eu queria nunca ter nascido"* ou *"Eu nunca vou me casar"* podem dar ao inimigo base legal.

Expressões globais

- **África** – Maldições tribais, maldições parentais por rebelião, maldições do mercado.
- **Ásia** – Declarações de palavras baseadas em carma, votos ancestrais

proferidos sobre crianças.
- **América Latina** – Maldições de Brujeria (bruxaria) ativadas pela palavra falada.
- **Europa** – Maldições faladas, "profecias" familiares que se auto-realizam.
- **América do Norte** – Abuso verbal, cânticos ocultistas, afirmações de auto-ódio.

Sejam sussurradas ou gritadas, maldições ditas com emoção e crença carregam peso no espírito.

Testemunho — "Quando minha mãe falava sobre a morte"
Keisha (Jamaica)
Keisha cresceu ouvindo a mãe dizer: *"Você é a razão pela qual minha vida está arruinada"*. Todo aniversário, algo ruim acontecia. Aos 21 anos, ela tentou suicídio, convencida de que sua vida não tinha valor. Durante um culto de libertação, o pastor perguntou: *"Quem proferiu a sentença de morte sobre a sua vida?"*. Ela desabou. Depois de renunciar às palavras e liberar o perdão, ela finalmente experimentou a alegria. Agora, ela ensina meninas a proferir a sentença de vida sobre si mesmas.

Andrei (Romênia)
O professor de Andrei disse certa vez: *"Você vai acabar na prisão ou morto antes dos 25"*. Essa frase o assombrava. Ele caiu no crime e, aos 24 anos, foi preso. Na prisão, encontrou Cristo e se deu conta da maldição com a qual havia concordado. Escreveu uma carta de perdão ao professor, rasgou todas as mentiras que lhe foram ditas e começou a pregar as promessas de Deus. Agora, ele lidera um ministério de evangelismo em prisões.

Plano de Ação – Reverter a Maldição

1. Escreva declarações negativas ditas sobre você — por outras pessoas ou por você mesmo.
2. Na oração, **renuncie a toda palavra de maldição** (diga em voz alta).
3. **Dê perdão** à pessoa que o disse.
4. **Fale a verdade de Deus** sobre si mesmo para substituir a maldição pela bênção:
    - *Jeremias 29:11*

- *Deuteronômio 28:13*
- *Romanos 8:37*
- *Salmo 139:14*

Aplicação em Grupo – O Poder das Palavras

- Pergunte: Quais afirmações moldaram sua identidade — boas ou ruins?
- Em grupos, digam maldições em voz alta (com sensibilidade) e digam bênçãos em substituição.
- Use cartões de escrituras — cada pessoa lê em voz alta três verdades sobre sua identidade.
- *Decreto de Bênção* de 7 dias sobre si mesmos.

Ferramentas do Ministério:

- Flashcards com identidade das escrituras
- Azeite de oliva para ungir as bocas (santificando a fala)
- Declarações no espelho — fale a verdade sobre seu reflexo diariamente

Visão principal
Se uma maldição foi proferida, ela pode ser quebrada — e uma nova palavra de vida pode ser proferida em seu lugar.

Diário de Reflexão

- De quem são as palavras que moldaram minha identidade?
- Eu me amaldiçoei por medo, raiva ou vergonha?
- O que Deus diz sobre meu futuro?

Oração para quebrar maldições de palavras
Senhor Jesus , renuncio a toda maldição proferida sobre minha vida — por familiares, amigos, professores, amantes e até por mim mesmo. Perdoo toda voz que declarou fracasso, rejeição ou morte. Quebro o poder dessas palavras agora, em nome de Jesus. Declaro bênção, favor e destino sobre minha vida. Sou

quem Tu dizes que sou — amado, escolhido, curado e livre. Em nome de Jesus. Amém.

DIA 17: LIBERTAÇÃO DO CONTROLE E DA MANIPULAÇÃO

"*A bruxaria nem sempre se resume a vestes e caldeirões — às vezes, são palavras, emoções e coleiras invisíveis.*"

"**Porque a rebelião é como o pecado de feitiçaria, e a obstinação é como iniquidade e idolatria.**"

— *1 Samuel 15:23*

A bruxaria não se encontra apenas em santuários. Muitas vezes, ela se manifesta com um sorriso e manipula por meio de culpa, ameaças, bajulação ou medo. A Bíblia equipara a rebelião — especialmente a rebelião que exerce controle profano sobre os outros — à bruxaria. Sempre que usamos pressão emocional, psicológica ou espiritual para dominar a vontade de outra pessoa, estamos caminhando em um território perigoso.

Manifestações Globais

- **África** – Mães amaldiçoando crianças com raiva, amantes amarrando outras pessoas por meio de "juju" ou poções do amor, líderes espirituais intimidando seguidores.
- **Ásia** – Controle do guru sobre os discípulos, chantagem parental em casamentos arranjados, manipulação dos cordões energéticos.
- **Europa** – Juramentos maçônicos controlando comportamento geracional, culpa religiosa e dominação.
- **América Latina** – Bruxaria (bruxaria) usada para manter parceiros, chantagem emocional enraizada em maldições familiares.
- **América do Norte** – Criação narcisista, liderança manipuladora disfarçada de "cobertura espiritual", profecia baseada no medo.

A voz da bruxaria frequentemente sussurra: *"Se você não fizer isso, você me perderá, perderá o favor de Deus ou sofrerá."*

Mas o amor verdadeiro nunca manipula. A voz de Deus sempre traz paz, clareza e liberdade de escolha.

História real — Quebrando a coleira invisível

Grace, do Canadá, estava profundamente envolvida em um ministério profético em que o líder começava a ditar com quem ela poderia namorar, onde poderia morar e até mesmo como orar. No início, parecia espiritual, mas com o tempo, ela se sentiu prisioneira das opiniões dele. Sempre que tentava tomar uma decisão independente, diziam que ela estava "se rebelando contra Deus". Após um colapso e a leitura de *Greater Exploits 14*, ela percebeu que isso era bruxaria carismática — controle disfarçado de profecia.

Grace renunciou ao vínculo de alma com seu líder espiritual, arrependeu-se de sua própria concordância com a manipulação e se juntou a uma comunidade local em busca de cura. Hoje, ela está completa e ajudando outras pessoas a se libertarem do abuso religioso.

Plano de Ação — Discernindo a Bruxaria nos Relacionamentos

1. Pergunte a si mesmo: *Sinto-me livre perto dessa pessoa ou tenho medo de decepcioná-la?*
2. Liste relacionamentos em que culpa, ameaças ou bajulação são usadas como ferramentas de controle.
3. Renuncie a todo vínculo emocional, espiritual ou de alma que faça você se sentir dominado ou sem voz.
4. Ore em voz alta para quebrar toda coleira manipuladora em sua vida.

Ferramentas de Escritura

- **1 Samuel 15:23** – Rebelião e feitiçaria
- **Gálatas 5:1** – "Permaneçam firmes... não se deixem submeter novamente a um jugo de escravidão."
- **2 Coríntios 3:17** – "Onde está o Espírito do Senhor, aí há liberdade."
- **Miquéias 3:5–7** – Falsos profetas usando intimidação e suborno

Discussão em grupo e aplicação

- Compartilhe (anonimamente, se necessário) uma ocasião em que você se sentiu espiritual ou emocionalmente manipulado.
- Faça uma dramatização de uma oração "reveladora da verdade" — liberando o controle sobre os outros e retomando sua vontade.
- Peça aos membros que escrevam cartas (reais ou simbólicas) rompendo laços com figuras controladoras e declarando a liberdade em Cristo.

Ferramentas do Ministério:

- Emparelhe parceiros para a libertação.
- Use óleo de unção para declarar liberdade sobre a mente e a vontade.
- Use a comunhão para restabelecer a aliança com Cristo como a *única cobertura verdadeira*.

Visão principal
Onde há manipulação, a bruxaria prospera. Mas onde há Espírito de Deus, há liberdade.

Diário de Reflexão

- Quem ou o que permiti controlar minha voz, vontade ou direção?
- Já usei o medo ou a bajulação para conseguir o que quero?
- Que passos darei hoje para andar na liberdade de Cristo?

Oração de Libertação
Pai Celestial, renuncio a toda forma de manipulação emocional, espiritual e psicológica que opera dentro ou ao meu redor. Corto todo laço de alma enraizado no medo, na culpa e no controle. Libero-me da rebelião, da dominação e da intimidação. Declaro que sou guiado somente pelo Teu Espírito. Recebo graça para andar em amor, verdade e liberdade. Em nome de Jesus. Amém.

DIA 18: QUEBRANDO O PODER DA FALTA DE PERDÃO E DA AMARGURA

"*A falta de perdão é como beber veneno e esperar que a outra pessoa morra.*"

"**Cuidado... para que nenhuma raiz de amargura brote e cause problemas e contamine a muitos.**"

— *Hebreus 12:15*

A amargura é uma destruidora silenciosa. Pode começar com mágoa — uma traição, uma mentira, uma perda —, mas, quando não controlada, apodrece em falta de perdão e, finalmente, em uma raiz que envenena tudo.

A falta de perdão abre portas para espíritos atormentadores (Mateus 18:34). Ela obscurece o discernimento, dificulta a cura, sufoca suas orações e bloqueia o fluxo do poder de Deus.

Libertação não é apenas expulsar demônios — é liberar o que você está segurando dentro de si.

EXPRESSÕES GLOBAIS de amargura

- **África** – Guerras tribais, violência política e traições familiares transmitidas de geração em geração.
- **Ásia** – Desonra entre pais e filhos, feridas baseadas em castas, traições religiosas.
- **Europa** – Silêncio geracional sobre abuso, amargura sobre divórcio ou infidelidade.
- **América Latina** – Feridas de instituições corruptas, rejeições familiares, manipulação espiritual.
- **América do Norte** – Mágoa na Igreja, trauma racial, pais ausentes,

injustiça no local de trabalho.

A amargura nem sempre grita. Às vezes, ela sussurra: "Nunca esquecerei o que eles fizeram".

Mas Deus diz: *Deixe para lá — não porque eles merecem, mas porque **você** merece.*

História real — A mulher que não perdoava

Maria, do Brasil, tinha 45 anos quando veio pela primeira vez para a libertação. Todas as noites, sonhava que estava sendo estrangulada. Sofria de úlceras, pressão alta e depressão. Durante a sessão, foi revelado que ela nutria ódio pelo pai, que a abusou quando criança — e mais tarde abandonou a família.

Ela se tornou cristã, mas nunca o perdoou.

Enquanto ela chorava e o entregava diante de Deus, seu corpo convulsionou — algo se quebrou. Naquela noite, ela dormiu em paz pela primeira vez em 20 anos. Dois meses depois, sua saúde começou a melhorar drasticamente. Agora ela compartilha sua história como coach de cura para mulheres.

Plano de Ação — Arrancando a Raiz Amarga

1. **Dê um nome** – Escreva os nomes daqueles que o machucaram — até mesmo você ou Deus (se você ficou secretamente bravo com Ele).
2. **Liberte-se** – Diga em voz alta: *"Eu escolho perdoar [nome] por [ofensa específica]. Eu os liberto e me liberto."*
3. **Queime-o** – Se for seguro fazê-lo, queime ou rasgue o papel como um ato profético de libertação.
4. **Ore por bênçãos** sobre aqueles que o prejudicaram — mesmo que suas emoções resistam. Isso é guerra espiritual.

Ferramentas de Escritura

- *Mateus 18:21–35* – A parábola do servo implacável
- *Hebreus 12:15* – As raízes de amargura contaminam a muitos
- *Marcos 11:25* – Perdoai, para que não sejam impedidas as vossas orações

- *Romanos 12:19–21* – Deixe a vingança para Deus

APLICAÇÃO E MINISTÉRIO em Grupo

- Peça a cada pessoa (em particular ou por escrito) para citar alguém que ela tem dificuldade de perdoar.
- Dividam-se em equipes de oração para percorrer o processo de perdão usando a oração abaixo.
- Lidere uma "cerimônia de queima" profética onde ofensas escritas são destruídas e substituídas por declarações de cura.

Ferramentas do Ministério:

- Cartões de declaração de perdão
- Música instrumental suave ou adoração envolvente
- Óleo de alegria (para unção após a libertação)

Visão principal

A falta de perdão é uma porta que o inimigo explora. O perdão é uma espada que corta o cordão da escravidão.

Diário de Reflexão

- Quem eu preciso perdoar hoje?
- Eu me perdoei — ou estou me punindo por erros do passado?
- Acredito que Deus pode restaurar o que perdi por traição ou ofensa?

Oração de Libertação

Senhor Jesus, venho diante de Ti com minha dor, raiva e lembranças. Escolho hoje — pela fé — perdoar todos que me machucaram, abusaram, traíram ou rejeitaram. Eu os deixo ir. Eu os liberto do julgamento e me liberto da amargura. Peço que cures cada ferida e me encha com a Tua paz. Em nome de Jesus. Amém.

DIA 19: CURA DA VERGONHA E DA CONDENAÇÃO

"A vergonha diz: 'Eu sou mau'. A condenação diz: 'Eu nunca serei livre'. Mas Jesus diz: 'Você é meu, e eu o renovei'."

"Os que olham para ele são radiantes; seus rostos nunca são cobertos de vergonha."

— *Salmo 34:5*

A vergonha não é apenas um sentimento — é uma estratégia do inimigo. É o manto que ele envolve aqueles que caíram, fracassaram ou foram violados. Ela diz: "Você não consegue se aproximar de Deus. Você é muito imundo. Muito danificado. Muito culpado."

Mas a condenação é **mentira** — porque em Cristo **não há condenação** (Romanos 8:1).

Muitas pessoas que buscam libertação permanecem presas porque acreditam que **não são dignas da liberdade**. Carregam a culpa como um distintivo e repetem seus piores erros como se fossem um disco riscado.

Jesus não pagou apenas pelos seus pecados — Ele pagou pela sua vergonha.

Rostos globais da vergonha

- **África** – Tabus culturais em torno de estupro, esterilidade, ausência de filhos ou incapacidade de casar.
- **Ásia** – Vergonha baseada na desonra, decorrente de expectativas familiares ou deserção religiosa.
- **América Latina** – Culpa por abortos, envolvimento com ocultismo ou desgraça familiar.
- **Europa** – Vergonha oculta de pecados secretos, abusos ou problemas de saúde mental.
- **América do Norte** – Vergonha causada por vício, divórcio,

pornografia ou confusão de identidade.

A vergonha prospera no silêncio — mas morre à luz do amor de Deus.

História real — Um novo nome após o aborto
Jasmine, dos EUA, fez três abortos antes de se converter a Cristo. Embora salva, não conseguia se perdoar. Todo Dia das Mães parecia uma maldição. Quando as pessoas falavam sobre filhos ou sobre a criação dos filhos, ela se sentia invisível — e pior, indigna.

Durante um retiro feminino, ela ouviu uma mensagem sobre Isaías 61 — "em vez de vergonha, porção dobrada". Ela chorou. Naquela noite, escreveu cartas para seus filhos ainda não nascidos, arrependeu-se novamente diante do Senhor e teve uma visão de Jesus lhe dando novos nomes: *"Amada", "Mãe" e "Restaurada".*

Agora ela ministra para mulheres que fizeram aborto e as ajuda a resgatar suas identidades em Cristo.

Plano de Ação — Saia das Sombras

1. **Dê um nome à vergonha** – registre em um diário o que você tem escondido ou pelo qual se sente culpado.
2. **Confesse a mentira** – Escreva as acusações nas quais você acreditou (por exemplo, "Estou sujo", "Estou desqualificado").
3. **Substitua pela Verdade** – Declare em voz alta a Palavra de Deus sobre você (veja as Escrituras abaixo).
4. **Ação Profética** – Escreva a palavra "VERGONHA" em um pedaço de papel e rasgue-o ou queime-o. Declare: *"Não estou mais preso a isso!"*

Ferramentas de Escritura

- *Romanos 8:1–2* – Nenhuma condenação em Cristo
- *Isaías 61:7* – Porção dobrada para a vergonha
- *Salmo 34:5* – Resplendor em Sua presença
- *Hebreus 4:16* – Acesso ousado ao trono de Deus
- *Sofonias 3:19–20* – Deus remove a vergonha entre as nações

Aplicação e Ministério em Grupo

- Convide os participantes a escreverem declarações anônimas de vergonha (por exemplo, "Fiz um aborto", "Fui abusado", "Cometi fraude") e coloque-as em uma caixa lacrada.
- Leia Isaías 61 em voz alta e depois faça uma oração pela troca — luto pela alegria, cinzas pela beleza, vergonha pela honra.
- Toque músicas de adoração que enfatizem a identidade em Cristo.
- Fale palavras proféticas sobre indivíduos que estão prontos para deixar ir.

Ferramentas do Ministério:

- Cartões de declaração de identidade
- Óleo de unção
- Playlist de adoração com músicas como "You Say" (Lauren Daigle), "No Longer Slaves" ou "Who You Say I Am"

Visão principal

A vergonha é uma ladra. Ela rouba sua voz, sua alegria e sua autoridade. Jesus não apenas perdoou seus pecados — Ele despojou a vergonha de seu poder.

Diário de Reflexão

- Qual é a primeira lembrança de vergonha que me lembro?
- Em que mentira tenho acreditado sobre mim mesmo?
- Estou pronto para me ver como Deus me vê — limpo, radiante e escolhido?

Oração de Cura

Senhor Jesus, trago-Te a minha vergonha, a minha dor oculta e toda voz de condenação. Arrependo-me de concordar com as mentiras do inimigo sobre quem eu sou. Escolho crer no que Tu dizes — que sou perdoado, amado e renovado. Recebo o Teu manto de justiça e entro em liberdade. Saio da vergonha e adentro a Tua glória. Em nome de Jesus, Amém.

DIA 20: BRUXARIA DOMÉSTICA — QUANDO A ESCURIDÃO MORA SOB O MESMO TETO

"Nem todo inimigo está lá fora. Alguns têm rostos familiares."
"Os inimigos do homem serão os da sua própria casa."
— *Mateus 10:36*

Algumas das batalhas espirituais mais ferozes não são travadas em florestas ou santuários — mas em quartos, cozinhas e altares familiares.

Bruxaria doméstica refere-se a operações demoníacas que se originam dentro da família — pais, cônjuges, irmãos, funcionários da casa ou parentes distantes — por meio de inveja, práticas ocultas, altares ancestrais ou manipulação espiritual direta.

A libertação se torna complexa quando as pessoas envolvidas são **aquelas que amamos ou com quem convivemos.**

Exemplos globais de bruxaria doméstica

- **África** – Uma madrasta ciumenta envia maldições através da comida; um irmão invoca espíritos contra um irmão mais bem-sucedido.
- **Índia e Nepal** – As mães dedicam seus filhos às divindades ao nascer; altares domésticos são usados para controlar destinos.
- **América Latina** – Brujeria ou Santeria praticada em segredo por parentes para manipular cônjuges ou filhos.
- **Europa** – Maçonaria oculta ou juramentos ocultos em linhagens familiares; tradições psíquicas ou espiritualistas transmitidas.
- **América do Norte** – Pais wiccanos ou da nova era "abençoando" seus filhos com cristais, limpeza energética ou tarô.

Esses poderes podem se esconder atrás do afeto familiar, mas seu objetivo é o controle, a estagnação, a doença e a escravidão espiritual.

História real — Meu pai, o profeta da aldeia

Uma mulher da África Ocidental cresceu em um lar onde seu pai era um profeta de aldeia muito respeitado. Para os de fora, ele era um guia espiritual. A portas fechadas, ele enterrava amuletos no complexo e fazia sacrifícios em nome de famílias em busca de favores ou vingança.

Padrões estranhos surgiram em sua vida: pesadelos recorrentes, relacionamentos fracassados e doenças inexplicáveis. Quando ela entregou sua vida a Cristo, seu pai se voltou contra ela, declarando que ela jamais teria sucesso sem a ajuda dele. Sua vida entrou em uma espiral descendente por anos.

Após meses de orações à meia-noite e jejum, o Espírito Santo a levou a renunciar a qualquer vínculo de alma com o manto ocultista de seu pai. Ela enterrou escrituras em suas paredes, queimou símbolos antigos e ungiu sua soleira diariamente. Lentamente, os avanços começaram: sua saúde recuperou, seus sonhos se clarearam e ela finalmente se casou. Agora, ela ajuda outras mulheres que se deparam com altares domésticos.

Plano de Ação — Enfrentando o Espírito Familiar

1. **Discernir sem desonra** – Peça a Deus para revelar poderes ocultos sem ódio.
2. **Quebre acordos espirituais** – Renuncie a todos os laços espirituais feitos por meio de rituais, altares ou juramentos falados.
3. **Separação espiritual** – Mesmo morando na mesma casa, você pode **se desconectar espiritualmente** por meio da oração.
4. **Santifique seu espaço** – Unja cada cômodo, objeto e soleira com óleo e escritura.

Ferramentas de Escritura

- *Miquéias 7:5–7* – Não confie no próximo
- *Salmo 27:10* – "Ainda que meu pai e minha mãe me abandonem..."
- *Lucas 14:26* – Amar a Cristo mais do que a família
- *2 Reis 11:1–3* – Libertação oculta de uma rainha-mãe assassina
- *Isaías 54:17* – Nenhuma arma forjada prosperará

Aplicação em grupo

- Compartilhe experiências em que a oposição veio de dentro da família.
- Ore por sabedoria, ousadia e amor diante da resistência doméstica.
- Faça uma oração de renúncia a cada vínculo de alma ou maldição proferida por parentes.

Ferramentas do Ministério:

- Óleo de unção
- Declarações de perdão
- Orações de liberação de aliança
- Oração do Salmo 91 cobrindo

Visão principal

A linhagem pode ser uma bênção ou um campo de batalha. Você é chamado para redimi-la, não para ser governado por ela.

Diário de Reflexão

- Já tive resistência espiritual de alguém próximo?
- Existe alguém que eu preciso perdoar — mesmo que ainda esteja praticando bruxaria?
- Estou disposto a me destacar, mesmo que isso custe relacionamentos?

Oração de Separação e Proteção

Pai, reconheço que a maior oposição pode vir daqueles mais próximos de mim. Perdoo todos os membros da minha família que, consciente ou inconscientemente, trabalham contra o meu destino. Quebro todos os laços de alma, maldições e alianças feitas através da minha linhagem familiar que não se alinham com o Teu Reino. Pelo sangue de Jesus, santifico meu lar e declaro: eu e a minha casa serviremos ao Senhor. Amém.

DIA 21: O ESPÍRITO DE JEZEBEL — SEDUÇÃO, CONTROLE E MANIPULAÇÃO RELIGIOSA

"*Mas tenho contra você: você tolera Jezabel, aquela mulher que se diz profetisa. Ela engana com os seus ensinamentos...*" — Apocalipse 2:20
"*O fim dela virá repentinamente, sem remédio.*" — Provérbios 6:15
Alguns espíritos gritam de fora.
Jezabel sussurra de dentro.
Ela não apenas tenta — ela **usurpa, manipula e corrompe**, deixando ministérios destruídos, casamentos sufocados e nações seduzidas pela rebelião.
O que é o espírito de Jezabel?
O espírito de Jezabel:

- Imita a profecia para enganar
- Usa charme e sedução para controlar
- Odeia a verdadeira autoridade e silencia os profetas
- Mascara o orgulho por trás da falsa humildade
- Muitas vezes se apega à liderança ou a pessoas próximas a ela

Esse espírito pode operar por meio de **homens ou mulheres** e prospera onde o poder desenfreado, a ambição ou a rejeição não são curados.
Manifestações Globais

- **África** – Falsas profetisas que manipulam altares e exigem lealdade com medo.
- **Ásia** – Místicos religiosos misturando sedução com visões para dominar os círculos espirituais.
- **Europa** – Cultos antigos à deusa foram revividos em práticas da Nova

Era sob o nome de empoderamento.
- **América Latina** – Sacerdotisas da Santeria exercendo controle sobre as famílias por meio de "conselhos espirituais".
- **América do Norte** – Influenciadores de mídia social promovendo a "feminilidade divina" enquanto zombam da submissão, autoridade ou pureza bíblica.

História real: *A Jezabel que estava sentada no altar*

Em uma nação caribenha, uma igreja em chamas por Deus começou a se apagar — lenta e sutilmente. O grupo de intercessão que antes se reunia para as orações da meia-noite começou a se dispersar. O ministério jovem caiu em escândalo. Casamentos na igreja começaram a fracassar, e o pastor, antes fervoroso, tornou-se indeciso e espiritualmente cansado.

No centro de tudo estava uma mulher — **a Irmã R.** Linda, carismática e generosa, ela era admirada por muitos. Ela sempre tinha uma "palavra do Senhor" e um sonho sobre o destino de todos. Ela doava generosamente para projetos da igreja e conquistou um lugar perto do pastor.

Nos bastidores, ela sutilmente **caluniou outras mulheres**, seduziu um pastor júnior e semeou a divisão. Ela se posicionou como uma autoridade espiritual enquanto discretamente minava a liderança real.

Certa noite, uma adolescente na igreja teve um sonho vívido: viu uma cobra enrolada sob o púlpito, sussurrando no microfone. Aterrorizada, ela compartilhou o sonho com a mãe, que o levou ao pastor.

A liderança decidiu fazer um **jejum de três dias** para buscar a orientação de Deus. No terceiro dia, durante uma sessão de oração, a Irmã R começou a se manifestar violentamente. Ela sibilava, gritava e acusava outros de bruxaria. Seguiu-se uma libertação poderosa, e ela confessou: havia sido iniciada em uma ordem espiritual no final da adolescência, com a tarefa de **se infiltrar em igrejas para "roubar seu fogo"**.

Ela já havia estado em **cinco igrejas** antes desta. Sua arma não era a audácia — era **a bajulação, a sedução, o controle emocional** e a manipulação profética.

Hoje, aquela igreja reconstruiu seu altar. O púlpito foi reconsagrado. E aquela jovem adolescente? Ela agora é uma evangelista fervorosa que lidera um movimento de oração feminino.

Plano de Ação — Como Confrontar Jezabel

1. **Arrependa-se** de qualquer forma pela qual você cooperou com manipulação, controle sexual ou orgulho espiritual.
2. **Discernir** os traços de Jezabel — bajulação, rebelião, sedução, falsa profecia.
3. **Rompa laços de alma** e alianças profanas na oração — especialmente com qualquer um que o afaste da voz de Deus.
4. **Declare sua autoridade** em Cristo. Jezabel teme aqueles que sabem quem são.

Arsenal das Escrituras:

- 1 Reis 18–21 – Jezabel vs Elias
- Apocalipse 2:18–29 – A advertência de Cristo a Tiatira
- Provérbios 6:16–19 – O que Deus odeia
- Gálatas 5:19–21 – Obras da carne

Aplicação em grupo

- Discuta: Você já presenciou manipulação espiritual? Como ela se disfarçou?
- Como grupo, declarem uma política de "tolerância zero" para Jezabel — na igreja, no lar ou na liderança.
- Se necessário, faça uma **oração de libertação** ou um jejum para quebrar a influência dela.
- Rededique qualquer ministério ou altar que tenha sido comprometido.

Ferramentas do Ministério:

Use óleo de unção. Crie espaço para confissão e perdão. Cante canções de adoração que proclamem o **senhorio de Jesus**.

Visão principal

Jezabel prospera onde **o discernimento é baixo** e **a tolerância é alta**. Seu reinado termina quando a autoridade espiritual desperta.

Diário de Reflexão

- Deixei que a manipulação me guiasse?
- Existem pessoas ou influências que elevei acima da voz de Deus?
- Silenciei minha voz profética por medo ou controle?

Oração de Libertação

Senhor Jesus, renuncio a toda aliança com o espírito de Jezabel. Rejeito a sedução, o controle, a falsa profecia e a manipulação. Purifica meu coração do orgulho, do medo e da transigência. Retomo minha autoridade. Que todo altar que Jezabel construiu em minha vida seja demolido. Eu te entronizo, Jesus, como Senhor dos meus relacionamentos, chamado e ministério. Enche-me de discernimento e ousadia. Em Teu nome, Amém.

DIA 22: PÍTONS E ORAÇÕES — QUEBRANDO O ESPÍRITO DE CONSTRIÇÃO

"*Certa vez, quando íamos ao local de oração, fomos recebidos por uma escrava que tinha um espírito de Píton...*" — Atos 16:16

"*Você pisará no leão e na víbora...*" — Salmo 91:13

Há um espírito que não morde — ele **aperta**.

Ele sufoca o seu fogo. Ele envolve sua vida de oração, sua respiração, sua adoração, sua disciplina — até que você comece a desistir daquilo que antes lhe dava força.

Este é o espírito de **Python** — uma força demoníaca que **restringe o crescimento espiritual, atrasa o destino, estrangula a oração e falsifica a profecia**.

Manifestações Globais

- **África** – O espírito da píton aparece como um falso poder profético, operando em santuários marinhos e florestais.
- **Ásia** – Espíritos de serpentes adorados como divindades que devem ser alimentadas ou apaziguadas.
- **América Latina** – Altares serpentinos de santeria usados para riqueza, luxúria e poder.
- **Europa** – Símbolos de serpentes em bruxaria, adivinhação e círculos psíquicos.
- **América do Norte** – Vozes "proféticas" falsas, enraizadas na rebelião e na confusão espiritual.

Testemunho: *A Menina Que Não Conseguia Respirar*

Marisol, da Colômbia, começou a sentir falta de ar sempre que se ajoelhava para rezar. Seu peito apertava. Seus sonhos eram repletos de imagens de cobras, enroladas em seu pescoço ou descansando debaixo da cama. Os médicos não encontraram nada de errado.

Um dia, sua avó admitiu que Marisol havia sido "dedicada" quando criança a um espírito da montanha conhecido por aparecer como uma serpente. Era um **"espírito protetor"**, mas tinha um custo.

Durante uma reunião de libertação, Marisol começou a gritar violentamente quando mãos foram impostas sobre ela. Ela sentiu algo se mover em sua barriga, subir pelo peito e depois sair pela boca, como ar sendo expelido.

Depois daquele encontro, a falta de ar passou. Seus sonhos mudaram. Ela começou a liderar reuniões de oração — exatamente aquilo que o inimigo um dia tentou estrangular dela.

Sinais de que você pode estar sob a influência do espírito de Python

- Fadiga e peso sempre que você tenta orar ou adorar
- Confusão profética ou sonhos enganosos
- Sentimentos constantes de estar sufocado, bloqueado ou amarrado
- Depressão ou desespero sem causa clara
- Perda de desejo ou motivação espiritual

Plano de Ação – Quebrando a Constrição

1. **Arrependa-se** de qualquer envolvimento oculto, psíquico ou ancestral.
2. **Declare que seu corpo e espírito são somente de Deus.**
3. **Jejum e guerra** usando Isaías 27:1 e Salmo 91:13.
4. **Unja sua garganta, peito e pés** — reivindicando liberdade para falar, respirar e andar na verdade.

Escrituras de Libertação:

- Atos 16:16–18 – Paulo expulsa o espírito de píton
- Isaías 27:1 – Deus pune Leviatã, a serpente fugitiva
- Salmo 91 – Proteção e autoridade

- Lucas 10:19 – Poder para pisar em cobras e escorpiões

APLICAÇÃO EM GRUPO

- Pergunte: O que está sufocando nossa vida de oração — pessoal e coletivamente?
- Lidere uma oração respiratória em grupo — declarando o **sopro de Deus** (Ruach) sobre cada membro.
- Quebre toda falsa influência profética ou pressão serpentina na adoração e intercessão.

Ferramentas do Ministério: Adoração com flautas ou instrumentos de sopro, corte simbólico de cordas, lenços de oração para liberdade respiratória.

Visão principal

O espírito de Píton sufoca o que Deus quer gerar. É preciso confrontá-lo para recuperar o fôlego e a ousadia.

Diário de Reflexão

- Quando foi a última vez que me senti totalmente livre na oração?
- Há sinais de fadiga espiritual que venho ignorando?
- Aceitei, sem saber, "conselhos espirituais" que trouxeram mais confusão?

Oração de Libertação

Pai, em nome de Jesus, eu quebro todo espírito constritor designado para sufocar meu propósito. Renuncio ao espírito da píton e a todas as falsas vozes proféticas. Recebo o sopro do Teu Espírito e declaro: respirarei livremente, orarei com ousadia e andarei em retidão. Toda serpente que se enrola em minha vida é cortada e expulsa. Recebo libertação agora. Amém.

DIA 23: TRONOS DA INIQUIDADE — DERRUBANDO FORTALEZAS TERRITORIAIS

"*Acaso o trono da iniquidade, que maquina o mal mediante a lei, terá comunhão contigo?*" — Salmo 94:20

"*Não lutamos contra a carne e o sangue, mas contra... os príncipes das trevas...*" — Efésios 6:12

Existem **tronos invisíveis** — estabelecidos em cidades, nações, famílias e sistemas — onde poderes demoníacos **governam legalmente** por meio de convênios, legislação, idolatria e rebelião prolongada.

Não se trata de ataques aleatórios. São **autoridades entronizadas**, profundamente enraizadas em estruturas que perpetuam o mal através das gerações.

Até que esses tronos sejam **desmantelados espiritualmente**, os ciclos de escuridão persistirão — não importa quanta oração seja oferecida superficialmente.

Fortalezas e tronos globais

- **África** – Tronos de bruxaria em linhagens reais e conselhos tradicionais.
- **Europa** – Tronos do secularismo, da maçonaria e da rebelião legalizada.
- **Ásia** – Tronos de idolatria em templos ancestrais e dinastias políticas.
- **América Latina** – Tronos do narcoterrorismo, cultos à morte e corrupção.
- **América do Norte** – Tronos de perversão, aborto e opressão racial.

Esses tronos influenciam decisões, suprimem a verdade e **devoram destinos**.

Testemunho: *Libertação de um Vereador*

Em uma cidade no sul da África, um vereador cristão recém-eleito descobriu que todos os ocupantes de cargos públicos anteriores a ele tinham enlouquecido, se divorciado ou morrido repentinamente.

Após dias de oração, o Senhor revelou um **trono de sacrifício de sangue** enterrado sob o prédio municipal. Um vidente local havia plantado amuletos há muito tempo como parte de uma reivindicação territorial.

O conselheiro reuniu intercessores, jejuou e realizou o culto à meia-noite dentro das câmaras do conselho. Ao longo de três noites, membros da equipe relataram gritos estranhos nas paredes e a energia elétrica piscou.

Em uma semana, as confissões começaram. Contratos corruptos foram expostos e, em poucos meses, os serviços públicos melhoraram. O trono havia caído.

Plano de Ação – Destronando a Escuridão

1. **Identifique o trono** — peça ao Senhor para lhe mostrar fortalezas territoriais em sua cidade, escritório, linhagem ou região.
2. **Arrependei-vos em nome da terra** (intercessão no estilo de Daniel 9).
3. **Adore estrategicamente** — os tronos desmoronam quando a glória de Deus assume o controle (veja 2 Crônicas 20).
4. **Declare o nome de Jesus** como o único Rei verdadeiro sobre esse domínio.

Escrituras âncora:

- Salmo 94:20 – Tronos de iniquidade
- Efésios 6:12 – Governantes e autoridades
- Isaías 28:6 – Espírito de justiça para aqueles que lutam
- 2 Reis 23 – Josias destrói altares e tronos idólatras

ENGAJAMENTO DO GRUPO

- Realize uma sessão de "mapa espiritual" do seu bairro ou cidade.
- Pergunte: Quais são os ciclos de pecado, dor ou opressão aqui?
- Designe "vigias" para orar semanalmente em locais-chave: escolas, tribunais, mercados.
- Liderar decretos em grupo contra governantes espirituais usando o Salmo 149:5–9.

Ferramentas do Ministério: Shofars, mapas da cidade, azeite de oliva para consagração do solo, guias de oração para caminhadas.

Visão principal

Se você quer ver transformação na sua cidade, **você deve desafiar o trono por trás do sistema** — não apenas o rosto na frente dele.

Diário de Reflexão

- Existem batalhas recorrentes na minha cidade ou família que parecem maiores do que eu?
- Eu herdei uma batalha contra um trono que não entronizei?
- Quais "governantes" precisam ser destituídos na oração?

Oração da Guerra

Ó Senhor, expõe todo trono de iniquidade que governa meu território. Declaro o nome de Jesus como o único Rei! Que todo altar oculto, lei, pacto ou poder que impõe as trevas seja dissipado pelo fogo. Assumo meu lugar como intercessor. Pelo sangue do Cordeiro e pela palavra do meu testemunho, derrubo tronos e entronizo Cristo sobre meu lar, cidade e nação. Em nome de Jesus. Amém.

DIA 24: FRAGMENTOS DE ALMA — QUANDO PARTES DE VOCÊ ESTÃO FALTANDO

"*Ele restaura a minha alma...*" — Salmo 23:3

"*Eu curarei as suas feridas, declara o Senhor, porque você é chamada de rejeitada...*" — Jeremias 30:17

O trauma tem um jeito de destruir a alma. Abuso. Rejeição. Traição. Medo repentino. Luto prolongado. Essas experiências não deixam apenas memórias — elas **fragmentam o seu homem interior**.

Muitas pessoas andam por aí parecendo inteiras, mas vivendo com **pedaços de si mesmas faltando**. Sua alegria está fragmentada. Sua identidade está dispersa. Elas estão presas em fusos horários emocionais — parte delas presa em um passado doloroso, enquanto o corpo continua envelhecendo.

Esses são **fragmentos de alma** — partes do seu eu emocional, psicológico e espiritual que foram quebradas devido a traumas, interferência demoníaca ou manipulação de bruxaria.

Até que essas peças sejam reunidas, curadas e reintegradas por meio de Jesus, **a verdadeira liberdade permanece ilusória**.

Práticas globais de roubo de almas

- **África** – Curandeiros capturando a "essência" das pessoas em potes ou espelhos.
- **Ásia** – Rituais de aprisionamento da alma por gurus ou praticantes tântricos.
- **América Latina** – Divisão xamânica da alma para controle ou maldições.
- **Europa** – Magia oculta de espelho usada para fragmentar identidade ou roubar favores.

- **América do Norte** – Traumas causados por abuso sexual, aborto ou confusão de identidade muitas vezes criam feridas profundas na alma e fragmentação.

História: *A Garota Que Não Podia Sentir*

Andrea, uma espanhola de 25 anos, sofreu abusos sexuais durante anos por parte de um familiar. Embora tivesse aceitado Jesus, permanecia emocionalmente insensível. Não conseguia chorar, amar ou sentir empatia.

Um ministro visitante lhe fez uma pergunta estranha: "Onde você deixou sua alegria?" Quando Andrea fechou os olhos, ela se lembrou de quando tinha 9 anos, encolhida em um armário, dizendo a si mesma: "Nunca mais sentirei".

Eles rezaram juntos. Andrea perdoou, renunciou aos votos interiores e convidou Jesus para aquela lembrança específica. Ela chorou incontrolavelmente pela primeira vez em anos. Naquele dia, **sua alma foi restaurada**.

Plano de Ação – Recuperação e Cura da Alma

1. Pergunte ao Espírito Santo: *Onde perdi parte de mim?*
2. Perdoe qualquer pessoa envolvida naquele momento e **renuncie a votos internos** como "Nunca mais confiarei".
3. Convide Jesus para a memória e fale de cura naquele momento.
4. Ore: *"Senhor, restaura a minha alma. Peço a cada fragmento de mim que retorne e seja curado."*

Escrituras-chave:

- Salmo 23:3 – Ele restaura a alma
- Lucas 4:18 – Curando os quebrantados de coração
- 1 Tessalonicenses 5:23 – Espírito, alma e corpo preservados
- Jeremias 30:17 – Cura para os rejeitados e feridos

Aplicação em grupo

- Conduza os membros por uma **sessão guiada de oração de cura interior**.

- Pergunte: *Houve momentos na sua vida em que você parou de confiar, sentir ou sonhar?*
- Faça uma dramatização de "retorno àquele quarto" com Jesus e observe-o curar a ferida.
- Líderes confiáveis impõem as mãos gentilmente sobre as cabeças e declaram a restauração da alma.

Ferramentas do ministério: Música de adoração, iluminação suave, lenços de papel, lembretes para registro no diário.

Visão principal

Libertação não é apenas expulsar demônios. É **juntar os pedaços quebrados e restaurar a identidade**.

Diário de Reflexão

- Quais eventos traumáticos ainda controlam como penso ou sinto hoje?
- Eu já disse: "Nunca mais amarei" ou "Não posso mais confiar em ninguém"?
- Como é a "integridade" para mim — e estou pronto para ela?

ORAÇÃO DE RESTAURAÇÃO

Jesus, Tu és o Pastor da minha alma. Eu Te levo a todos os lugares onde fui despedaçado — pelo medo, pela vergonha, pela dor ou pela traição. Quebro cada voto interior e maldição proferida em meio a traumas. Perdoo aqueles que me feriram. Agora, clamo a cada pedaço da minha alma que retorne. Restaura-me completamente — espírito, alma e corpo. Não estou quebrado para sempre. Estou inteiro em Ti. Em nome de Jesus. Amém.

DIA 25: A MALDIÇÃO DAS CRIANÇAS ESTRANHAS — QUANDO OS DESTINOS SÃO TROCADOS NO NASCIMENTO

"*Seus filhos são filhos estranhos; agora a lua os devorará com as suas porções.*" — Oséias 5:7

"*Antes que eu te formasse no ventre, eu te conheci...*" — Jeremias 1:5

Nem toda criança que nasce em um lar foi feita para aquele lar.

Nem toda criança que carrega seu DNA carrega seu legado.

O inimigo há muito tempo usa **o nascimento como campo de batalha** — trocando destinos, plantando descendentes falsos, iniciando bebês em alianças obscuras e adulterando úteros antes mesmo que a concepção comece.

Não se trata apenas de uma questão física. É **uma transação espiritual** — envolvendo altares, sacrifícios e legalidades demoníacas.

O que são crianças estranhas?

"Crianças estranhas" são:

- Crianças nascidas por meio de dedicação oculta, rituais ou pactos sexuais.
- Os descendentes são trocados no nascimento (espiritual ou fisicamente).
- Crianças carregando missões obscuras em uma família ou linhagem.
- Almas capturadas no útero por meio de bruxaria, necromancia ou altares geracionais.

Muitas crianças crescem em rebelião, vício, ódio dos pais ou de si mesmas — não apenas por causa de uma má criação dos pais, mas por causa de **quem as reivindicou espiritualmente no nascimento**.

EXPRESSÕES GLOBAIS

- **África** – Trocas espirituais em hospitais, poluição do útero por espíritos marinhos ou sexo ritual.
- **Índia** – Crianças são iniciadas em templos ou destinos baseados em carma antes do nascimento.
- **Haiti e América Latina** – Dedicações de santeria, crianças concebidas em altares ou após feitiços.
- **Nações ocidentais** – práticas de fertilização in vitro e barriga de aluguel às vezes vinculadas a contratos ocultos ou linhagens de doadores; abortos que deixam portas espirituais abertas.
- **Culturas indígenas no mundo todo** – Cerimônias de nomeação de espíritos ou transferências totêmicas de identidade.

História: *O bebê com o espírito errado*

Clara, uma enfermeira de Uganda, contou como uma mulher levou seu recém-nascido para uma reunião de oração. A criança gritava constantemente, rejeitava leite e reagia violentamente às orações.

Uma palavra profética revelou que o bebê havia sido "trocado" espiritualmente ao nascer. A mãe confessou que um feiticeiro havia rezado sobre sua barriga enquanto ela estava desesperada por um filho.

Por meio do arrependimento e de intensas orações de libertação, o bebê ficou mole, mas depois tranquilo. Mais tarde, a criança prosperou — mostrando sinais de paz e desenvolvimento restaurados.

Nem todas as aflições em crianças são naturais. Algumas são **inerentes à concepção**.

Plano de Ação – Reivindicando o Destino do Útero

1. Se você é pai ou mãe, **dedique seu filho novamente a Jesus Cristo**.
2. Renuncie a quaisquer maldições, dedicações ou convênios pré-natais — mesmo aqueles feitos inconscientemente por ancestrais.
3. Fale diretamente ao espírito do seu filho em oração: *"Você pertence a Deus. Seu destino foi restaurado."*

4. Se não tiver filhos, ore pelo seu útero, rejeitando todas as formas de manipulação ou interferência espiritual.

Escrituras-chave:

- Oséias 9:11–16 – Julgamento sobre a semente estranha
- Isaías 49:25 – Contenda pelos seus filhos
- Lucas 1:41 – Filhos cheios do Espírito desde o ventre materno
- Salmo 139:13–16 – O projeto intencional de Deus no útero

Engajamento do Grupo

- Peça aos pais que tragam nomes ou fotos dos filhos.
- Declare sobre cada nome: "A identidade do seu filho foi restaurada. Toda mão estranha foi cortada."
- Ore pela limpeza espiritual do útero de todas as mulheres (e homens como portadores espirituais de sêmen).
- Use a comunhão para simbolizar a recuperação do destino da linhagem.

Ferramentas do Ministério: Comunhão, óleo de unção, nomes impressos ou itens para bebês (opcional).

Visão principal

Satanás tem como alvo o útero porque **é lá que profetas, guerreiros e destinos são formados**. Mas toda criança pode ser resgatada por meio de Cristo.

Diário de Reflexão

- Já tive sonhos estranhos durante a gravidez ou após o parto?
- Meus filhos estão enfrentando dificuldades que parecem anormais?
- Estou pronto para confrontar as origens espirituais da rebelião ou do atraso geracional?

Oração de Recuperação

Pai, trago meu ventre, minha semente e meus filhos ao Teu altar. Arrependo-me de qualquer porta — conhecida ou desconhecida — que tenha dado acesso ao inimigo. Quebro toda maldição, dedicação e designação demoníaca ligada aos meus filhos. Falo sobre eles: Tu és santo, escolhido e selado para a glória de Deus. Teu destino está redimido. Em nome de Jesus. Amém.

DIA 26: ALTARES ESCONDIDOS DE PODER — LIBERTANDO-SE DOS PACTOS OCULTOS DA ELITE

*"***M***ais uma vez, o diabo o levou a um monte muito alto e lhe mostrou todos os reinos do mundo e a glória deles. 'Tudo isto eu te darei', disse ele, 'se te prostrares e me adorares.'"* — Mateus 4:8–9

Muitos pensam que o poder satânico se encontra apenas em rituais secretos ou em vilas obscuras. Mas alguns dos pactos mais perigosos se escondem atrás de ternos elegantes, clubes de elite e influência multigeracional.

Estes são **altares de poder** — formados por juramentos de sangue, iniciações, símbolos secretos e promessas verbais que vinculam indivíduos, famílias e até nações inteiras ao domínio de Lúcifer. Da Maçonaria aos ritos cabalísticos, das iniciações estelares orientais às antigas escolas de mistérios egípcias e babilônicas — eles prometem iluminação, mas trazem consigo a escravidão.

Conexões Globais

- **Europa e América do Norte** – Maçonaria, Rosacrucianismo, Ordem da Aurora Dourada, Caveira e Ossos, Bosque Boêmio, iniciações de Cabala.
- **África** – Pactos de sangue políticos, acordos espirituais ancestrais por governo, alianças de bruxaria de alto nível.
- **Ásia** – Sociedades iluminadas, pactos de espíritos de dragões, dinastias de linhagens ligadas à feitiçaria antiga.
- **América Latina** – Santeria política, proteção ritual ligada a cartéis, pactos feitos para sucesso e imunidade.
- **Oriente Médio** – Antigos ritos babilônicos e assírios transmitidos sob disfarce religioso ou real.

Testemunho – O neto de um maçom encontra a liberdade

Carlos, criado em uma família influente na Argentina, nunca soube que seu avô havia alcançado o 33º grau da Maçonaria. Manifestações estranhas atormentavam sua vida — paralisia do sono, sabotagem relacional e uma incapacidade constante de progredir, por mais que se esforçasse.

Depois de participar de um curso de libertação que expôs ligações com a elite ocultista, ele confrontou sua história familiar e encontrou insígnias maçônicas e diários escondidos. Durante um jejum de meia-noite, renunciou a toda aliança de sangue e declarou liberdade em Cristo. Naquela mesma semana, recebeu a oportunidade de emprego que esperava há anos.

Altares de alto nível criam oposição de alto nível — mas o **sangue de Jesus** fala mais alto que qualquer juramento ou ritual.

Plano de Ação – Expondo a Loja Oculta

1. **Investigue** : Há afiliações maçônicas, esotéricas ou secretas em sua linhagem?
2. **Renuncie** a toda aliança conhecida e desconhecida usando declarações baseadas em Mateus 10:26–28.
3. **Queime ou remova** quaisquer símbolos ocultos: pirâmides, olhos que tudo veem, bússolas, obeliscos, anéis ou vestes.
4. **Ore em voz alta** :

"Quebro todos os acordos ocultos com sociedades secretas, cultos da luz e falsas irmandades. Sirvo somente ao Senhor Jesus Cristo."

Aplicação em grupo

- Peça aos membros que escrevam quaisquer ligações conhecidas ou suspeitas com a elite oculta.
- Lidere um **ato simbólico de corte de laços** — rasgando papéis, queimando imagens ou ungindo suas testas como um selo de separação.
- Use **o Salmo 2** para declarar a quebra de conspirações nacionais e familiares contra os ungidos do Senhor.

Visão principal

O maior poder de Satanás muitas vezes se reveste de segredo e prestígio. A verdadeira liberdade começa quando você expõe, renuncia e substitui esses altares com adoração e verdade.

Diário de Reflexão

- Herdei riqueza, poder ou oportunidades que parecem espiritualmente "erradas"?
- Existem conexões secretas em meus ancestrais que ignorei?
- Quanto me custará cortar o acesso profano ao poder — e estou disposto a isso?

Oração de Libertação

Pai, eu saio de toda loja, altar e acordo oculto — em meu nome ou em nome da minha linhagem. Eu rompo todo laço de alma, todo laço de sangue e todo juramento feito consciente ou inconscientemente. Jesus, Tu és minha única Luz, minha única Verdade e minha única cobertura. Que Teu fogo consuma todo elo profano com poder, influência ou engano. Eu recebo liberdade total, em nome de Jesus. Amém.

DIA 27: ALIANÇAS PROFANAS — MAÇONARIA, ILLUMINATI E INFILTRAÇÃO ESPIRITUAL

"*Não participem das obras infrutíferas das trevas, mas antes repreendam-nas.*" — Efésios 5:11

"*Vocês não podem beber o cálice do Senhor e também o cálice dos demônios.*" — 1 Coríntios 10:21

Existem sociedades secretas e redes globais que se apresentam como organizações fraternais inofensivas — oferecendo caridade, conexão ou iluminação. Mas por trás da cortina escondem-se juramentos mais profundos, rituais de sangue, laços de alma e camadas de doutrina luciferiana envoltas em "luz".

A Maçonaria, os Illuminati, a Estrela do Oriente, a Caveira e Ossos e suas redes irmãs não são apenas clubes sociais. São altares de fidelidade — alguns que datam de séculos — projetados para se infiltrar espiritualmente em famílias, governos e até igrejas.

Pegada global

- **América do Norte e Europa** – Templos da Maçonaria, lojas do Rito Escocês, Skull & Bones de Yale.
- **África** – Iniciações políticas e reais com ritos maçônicos, pactos de sangue para proteção ou poder.
- **Ásia** – Escolas de Cabala disfarçadas de iluminação mística e ritos monásticos secretos.
- **América Latina** – Ordens de elite ocultas, Santeria fundida com influência de elite e pactos de sangue.
- **Oriente Médio** – Antigas sociedades secretas babilônicas ligadas a estruturas de poder e à falsa adoração à luz.

ESSAS REDES FREQUENTEMENTE:

- Exigir sangue ou juramentos falados.
- Use símbolos ocultos (bússolas, pirâmides, olhos).
- Realizar cerimônias para invocar ou dedicar a alma de alguém a uma ordem.
- Conceda influência ou riqueza em troca de controle espiritual.

Testemunho – Confissão de um Bispo

Um bispo na África Oriental confessou perante sua igreja que havia ingressado na Maçonaria em um nível inferior durante a universidade — simplesmente por "conexões". Mas, à medida que subia na hierarquia, começou a ver requisitos estranhos: um juramento de silêncio, cerimônias com vendas nos olhos e símbolos, e uma "luz" que tornava sua vida de oração fria. Ele parou de sonhar. Não conseguia ler as Escrituras.

Após se arrepender e renunciar publicamente a cada posição e voto, a névoa espiritual se dissipou. Hoje, ele prega Cristo com ousadia, expondo aquilo de que participou no passado. As correntes eram invisíveis — até serem quebradas.

Plano de Ação – Quebrando a Influência da Maçonaria e das Sociedades Secretas

1. **Identifique** qualquer envolvimento pessoal ou familiar com a Maçonaria, Rosacrucianismo, Cabala, Caveira e Ossos ou ordens secretas semelhantes.
2. **Renuncie a cada nível ou grau de iniciação**, do 1º ao 33º ou superior, incluindo todos os rituais, fichas e juramentos. (Você pode encontrar renúncias guiadas de libertação online.)
3. **Ore com autoridade**:

"Quebro todos os laços de alma, alianças de sangue e juramentos feitos a sociedades secretas — por mim ou em meu nome. Resgato minha alma para Jesus Cristo!"

1. **Destrua itens simbólicos**: insígnias, livros, certificados, anéis ou

imagens emolduradas.
2. **Declare** liberdade usando:
    - *Gálatas 5:1*
    - *Salmo 2:1–6*
    - *Isaías 28:15–18*

Aplicação em grupo

- Peça ao grupo que feche os olhos e peça ao Espírito Santo para revelar quaisquer afiliações secretas ou laços familiares.
- Renúncia corporativa: faça uma oração para denunciar todos os vínculos conhecidos ou desconhecidos com ordens de elite.
- Use a comunhão para selar a ruptura e realinhar os convênios com Cristo.
- Ungir cabeças e mãos — restaurando a clareza da mente e as obras sagradas.

Visão principal

O que o mundo chama de "elite", Deus pode chamar de abominação. Nem toda influência é sagrada — e nem toda luz é Luz. Não existe segredo inofensivo quando se trata de juramentos espirituais.

Diário de Reflexão

- Já fiz parte de ordens secretas ou grupos de iluminação mística ou tenho curiosidade sobre elas?
- Há evidências de cegueira espiritual, estagnação ou frieza na minha fé?
- Preciso enfrentar o envolvimento familiar com coragem e graça?

Oração da Liberdade

Senhor Jesus, venho diante de Ti como a única Luz verdadeira. Renuncio a todo laço, a todo juramento, a toda luz falsa e a toda ordem oculta que me reivindica. Corto a Maçonaria, as sociedades secretas, as antigas irmandades e todo laço espiritual ligado às trevas. Declaro que estou sob o sangue de Jesus somente — selado, liberto e livre. Que o Teu Espírito queime todos os resíduos destas alianças. Em nome de Jesus, amém.

DIA 28: CABALA, REDES ENERGÉTICAS E A ATRAÇÃO DA "LUZ" MÍSTICA

"*Pois o próprio Satanás se disfarça de anjo de luz.*" — 2 Coríntios 11:14
"*A luz que há em você são trevas — quão profundas são essas trevas!*" — Lucas 11:35

Em uma era obcecada pela iluminação espiritual, muitos estão, sem saber, mergulhando em antigas práticas cabalísticas, cura energética e ensinamentos místicos de luz, enraizados em doutrinas ocultistas. Esses ensinamentos frequentemente se disfarçam de "misticismo cristão", "sabedoria judaica" ou "espiritualidade baseada na ciência" — mas têm origem na Babilônia, não em Sião.

A Cabala não é apenas um sistema filosófico judaico; é uma matriz espiritual construída sobre códigos secretos, emanações divinas (Sefirot) e caminhos esotéricos. É o mesmo engano sedutor por trás do tarô, da numerologia, dos portais do zodíaco e das grades da Nova Era.

Muitas celebridades, influenciadores e magnatas dos negócios usam cordões vermelhos, meditam com energia de cristais ou seguem o Zohar sem saber que estão participando de um sistema invisível de aprisionamento espiritual.

Enredamentos globais

- **América do Norte** – Centros de Cabala disfarçados de espaços de bem-estar; meditações energéticas guiadas.
- **Europa** – Cabala druídica e cristianismo esotérico ensinados em ordens secretas.
- **África** – Cultos de prosperidade misturando escrituras com numerologia e portais de energia.
- **Ásia** – A cura dos chakras foi renomeada como "ativação da luz"

alinhada aos códigos universais.
- **América Latina** – Santos misturados com arcanjos cabalísticos no catolicismo místico.

Esta é a sedução da falsa luz — onde o conhecimento se torna um deus e a iluminação se torna uma prisão.

Testemunho Real – Escapando da "Armadilha da Luz"

Marisol, uma coach de negócios sul-americana, acreditava ter descoberto a verdadeira sabedoria por meio da numerologia e do "fluxo de energia divina" de um mentor cabalista. Seus sonhos se tornaram vívidos, suas visões, aguçadas. Mas sua paz? Acabara. Seus relacionamentos? Entravam em colapso.

Ela se viu atormentada por seres sombrios durante o sono, apesar de suas "orações de luz" diárias. Uma amiga lhe enviou um testemunho em vídeo de um ex-místico que encontrou Jesus. Naquela noite, Marisol clamou a Jesus. Ela viu uma luz branca ofuscante — não mística, mas pura. A paz retornou. Ela destruiu seus materiais e começou sua jornada de libertação. Hoje, ela administra uma plataforma de mentoria centrada em Cristo para mulheres presas em engano espiritual.

Plano de Ação – Renunciando à Falsa Iluminação

1. **Audite** sua exposição: você leu livros místicos, praticou cura energética, seguiu horóscopos ou usou fios vermelhos?
2. **Arrependa-se** de buscar luz fora de Cristo.
3. **Rompa laços** com:
   - Ensinamentos da Cabala/Zohar
   - Medicina energética ou ativação da luz
   - Invocações de anjos ou decodificação de nomes
   - Geometria sagrada, numerologia ou "códigos"
4. **Ore em voz alta** :

Jesus, Tu és a Luz do mundo. Renuncio a toda luz falsa, a todo ensinamento oculto e a toda armadilha mística. Retorno a Ti como minha única fonte de verdade!

1. **Escrituras para declarar** :

- João 8:12
- Deuteronômio 18:10–12
- Isaías 2:6
- 2 Coríntios 11:13–15

Aplicação em grupo

- Pergunte: Você (ou sua família) já participou ou foi exposto a ensinamentos da Nova Era, numerologia, Cabala ou ensinamentos místicos de "luz"?
- Renúncia em grupo à falsa luz e rededicação a Jesus como a única Luz.
- Use imagens de sal e luz — dê a cada participante uma pitada de sal e uma vela para declarar: "Eu sou sal e luz somente em Cristo".

Visão principal
Nem toda luz é santa. O que ilumina fora de Cristo acabará consumindo.

Diário de Reflexão

- Busquei conhecimento, poder ou cura fora da Palavra de Deus?
- De quais ferramentas ou ensinamentos espirituais preciso me livrar?
- Há alguém a quem apresentei práticas da Nova Era ou "leves" que agora preciso orientar de volta?

Oração de Libertação
Pai, eu me afasto de todo espírito de falsa luz, misticismo e conhecimento secreto. Renuncio à Cabala, à numerologia, à geometria sagrada e a todo código obscuro que se apresenta como luz. Declaro que Jesus é a Luz da minha vida. Afasto-me do caminho do engano e entro na verdade. Purifica-me com o Teu fogo e enche-me com o Espírito Santo. Em nome de Jesus. Amém.

DIA 29: O VÉU ILLUMINATI — DESMASCARANDO AS REDES OCULTAS DE ELITE

"*Os reis da terra se levantam, e os governantes se ajuntam contra o Senhor e contra o seu Ungido.*" — Salmo 2:2

"*Não há nada oculto que não venha a ser revelado, e nada escondido que não venha a ser trazido à luz.*" — Lucas 8:17

Existe um mundo dentro do nosso mundo. Escondido à vista de todos.

De Hollywood às altas finanças, dos corredores políticos aos impérios musicais, uma rede de alianças obscuras e contratos espirituais governa sistemas que moldam a cultura, o pensamento e o poder. É mais do que conspiração — é uma rebelião ancestral repaginada para o palco moderno.

Os Illuminati, em sua essência, não são simplesmente uma sociedade secreta — são uma agenda luciferiana. Uma pirâmide espiritual onde os que estão no topo juram lealdade por meio de sangue, rituais e troca de almas, muitas vezes envoltos em símbolos, moda e cultura pop para condicionar as massas.

Não se trata de paranoia. Trata-se de conscientização.

HISTÓRIA REAL – UMA Jornada da Fama à Fé

Marcus era um produtor musical em ascensão nos EUA. Quando seu terceiro grande sucesso chegou às paradas, ele foi apresentado a um clube exclusivo — homens e mulheres poderosos, "mentores" espirituais, contratos imersos em segredo. No início, parecia uma mentoria de elite. Depois, vieram as sessões de "invocação" — salas escuras, luzes vermelhas, cânticos e rituais de espelho. Ele começou a experimentar viagens extracorpóreas, vozes sussurrando canções para ele à noite.

Certa noite, sob influência e tormento, ele tentou tirar a própria vida. Mas Jesus interveio. A intercessão de uma avó em oração o ajudou. Ele fugiu, renunciou ao sistema e iniciou uma longa jornada de libertação. Hoje, ele expõe a escuridão da indústria por meio de músicas que testemunham a luz.

SISTEMAS OCULTOS DE Controle

- **Sacrifícios de sangue e rituais sexuais** – A iniciação ao poder requer troca: corpo, sangue ou inocência.
- **Programação Mental (padrões MK Ultra)** – Usada na mídia, música e política para criar identidades e manipuladores fragmentados.
- **Simbolismo** – Olhos de pirâmide, fênix, pisos quadriculados, corujas e estrelas invertidas – portais de fidelidade.
- **Doutrina Luciferiana** – "Faça o que tu queres", "Torne-se seu próprio deus", " Iluminação do Portador da Luz ".

Plano de Ação – Libertando-se das Teias da Elite

1. **Arrependa-** se de participar de qualquer sistema vinculado ao poder oculto, mesmo sem saber (música, mídia, contratos).
2. **Renuncie** à fama a todo custo, aos acordos ocultos ou ao fascínio por estilos de vida de elite.
3. **Ore por** cada contrato, marca ou rede da qual você faz parte. Peça ao Espírito Santo que revele laços ocultos.
4. **Declare em voz alta :**

"Rejeito todo sistema, juramento e símbolo das trevas. Pertenço ao Reino da Luz. Minha alma não está à venda!"

1. **Escrituras Âncora :**
   - Isaías 28:15–18 – A aliança com a morte não subsistirá
   - Salmo 2 – Deus ri de conspirações perversas
   - 1 Coríntios 2:6–8 – Os governantes desta era não

compreendem a sabedoria de Deus

APLICAÇÃO EM GRUPO

- Lidere o grupo em uma sessão **de limpeza de símbolos** — traga imagens ou logotipos sobre os quais os participantes tenham dúvidas.
- Incentive as pessoas a compartilhar onde viram sinais dos Illuminati na cultura pop e como isso moldou suas opiniões.
- Convide os participantes a **renovarem sua influência** (música, moda, mídia) para o propósito de Cristo.

Visão principal
O engano mais poderoso é aquele que se esconde no glamour. Mas quando a máscara é removida, as correntes se quebram.

Diário de Reflexão

- Sinto-me atraído por símbolos ou movimentos que não entendo completamente?
- Fiz votos ou acordos em busca de influência ou fama?
- Que parte do meu dom ou plataforma preciso entregar novamente a Deus?

Oração da Liberdade
Pai, rejeito toda estrutura oculta, juramento e influência dos Illuminati e da elite ocultista. Renuncio à fama sem Ti, ao poder sem propósito e ao conhecimento sem o Espírito Santo. Cancelo todo pacto de sangue ou palavra já feito sobre mim, consciente ou inconscientemente. Jesus, eu Te entronizo como Senhor sobre minha mente, meus dons e meu destino. Expõe e destrói toda corrente invisível. Em Teu nome eu me levanto e caminho na luz. Amém.

DIA 30: AS ESCOLAS DE MISTÉRIOS — SEGREDOS ANTIGOS, SERVEDAGE MODERNA

"*Suas gargantas são sepulcros abertos; suas línguas praticam o engano. Veneno de víboras está em seus lábios.*" — Romanos 3:13

"*Não chamem conspiração a tudo o que este povo chama conspiração; não temam o que eles temem... O Senhor Todo-Poderoso é o único que vocês devem considerar santo...*" — Isaías 8:12–13

Muito antes dos Illuminati, existiam as antigas escolas de mistérios — Egito, Babilônia, Grécia, Pérsia — projetadas não apenas para transmitir "conhecimento", mas também para despertar poderes sobrenaturais por meio de rituais obscuros. Hoje, essas escolas são ressuscitadas em universidades de elite, retiros espirituais, campos de "conscientização" e até mesmo por meio de cursos de treinamento online disfarçados de desenvolvimento pessoal ou despertar da consciência de alto nível.

Dos círculos da Cabala à Teosofia, Ordens Herméticas e Rosacrucianismo — o objetivo é o mesmo: "tornar-se como deuses", despertando o poder latente sem a rendição a Deus. Cantos ocultos, geometria sagrada, projeção astral, desbloqueio da glândula pineal e rituais cerimoniais levam muitos à escravidão espiritual sob o disfarce de "luz".

Mas toda "luz" que não esteja enraizada em Jesus é uma luz falsa. E todo juramento oculto deve ser quebrado.

História Real – De Adepto a Abandonado

Sandra*, coach de bem-estar sul-africana, foi iniciada em uma ordem misteriosa egípcia por meio de um programa de mentoria. O treinamento incluiu alinhamentos de chakras, meditações solares, rituais lunares e pergaminhos de sabedoria ancestral. Ela começou a experimentar "downloads" e "ascensões", mas logo estes se transformaram em ataques de pânico, paralisia do sono e episódios suicidas.

Quando um ministro de libertação expôs a fonte, Sandra percebeu que sua alma estava presa a votos e contratos espirituais. Renunciar à ordem significou perder renda e conexões — mas ela conquistou sua liberdade. Hoje, ela administra um centro de cura centrado em Cristo, alertando outras pessoas sobre o engano da Nova Era.

Tópicos comuns das escolas de mistério hoje

- **Círculos de Cabala** – misticismo judaico misturado com numerologia, adoração a anjos e planos astrais.
- **Hermetismo** – Doutrina "Assim como em cima, assim em baixo"; capacitando a alma a manipular a realidade.
- **Rosacruzes** – Ordens secretas ligadas à transformação alquímica e à ascensão espiritual.
- **Maçonaria e Fraternidades Esotéricas** – Progressão em camadas rumo à luz oculta; cada grau vinculado a juramentos e rituais.
- **Retiros espirituais** – Cerimônias psicodélicas de "iluminação" com xamãs ou "guias".

Plano de Ação – Quebrando Jugos Antigos

1. **Renuncie a** todos os convênios feitos por meio de iniciações, cursos ou contratos espirituais fora de Cristo.
2. **Cancele** o poder de toda fonte de "luz" ou "energia" que não esteja enraizada no Espírito Santo.
3. **Limpe** sua casa de símbolos: ankhs, olho de Hórus, geometria sagrada, altares, incensos, estátuas ou livros rituais.
4. **Declare em voz alta**:

"Rejeito todo caminho antigo e moderno para a falsa luz. Submeto-me a Jesus Cristo, a verdadeira Luz. Todo juramento secreto é quebrado pelo Seu sangue."

ESCRITURAS ÂNCORA

- Colossenses 2:8 – Nenhuma filosofia vã e enganosa
- João 1:4–5 – A verdadeira Luz brilha nas trevas
- 1 Coríntios 1:19–20 – Deus destrói a sabedoria dos sábios

APLICAÇÃO EM GRUPO

- Organize uma noite simbólica de "queima de pergaminhos" (Atos 19:19) — onde os membros do grupo trazem e destroem quaisquer livros, joias e itens ocultos.
- Ore pelas pessoas que "baixaram" conhecimentos estranhos ou abriram os chakras do terceiro olho por meio da meditação.
- Oriente os participantes em uma oração **de "transferência de luz"** — pedindo ao Espírito Santo que tome conta de cada área previamente entregue à luz oculta.

VISÃO PRINCIPAL

Deus não esconde a verdade em enigmas e rituais — Ele a revela por meio de Seu Filho. Cuidado com a "luz" que o atrai para a escuridão.

DIÁRIO DE REFLEXÃO

- Eu me inscrevi em alguma escola online ou presencial que promete sabedoria antiga, ativação ou poderes misteriosos?
- Existem livros, símbolos ou rituais que eu já pensei que fossem inofensivos, mas agora me sinto condenado por eles?
- Onde busquei mais experiência espiritual do que relacionamento com Deus?

Oração de Libertação

Senhor Jesus, Tu és o Caminho, a Verdade e a Luz. Arrependo-me de todo caminho que percorri, ignorando a Tua Palavra. Renuncio a todas as escolas de mistérios, ordens secretas, juramentos e iniciações. Rompo os laços da alma com todos os guias, mestres, espíritos e sistemas enraizados em enganos ancestrais. Faze brilhar a Tua luz em cada recanto do meu coração e enche-me com a verdade do Teu Espírito. Em nome de Jesus, eu caminho livre. Amém.

DIA 31: CABALA, GEOMETRIA SAGRADA E ENGANO DA LUZ DE ELITE

"*Porque o próprio Satanás se transforma em anjo de luz.*" — 2 Coríntios 11:14

"*As coisas encobertas pertencem ao Senhor, nosso Deus, mas as reveladas pertencem a nós...*" — Deuteronômio 29:29

Em nossa busca por conhecimento espiritual, existe um perigo — a atração da "sabedoria oculta" que promete poder, luz e divindade à parte de Cristo. Dos círculos de celebridades às lojas secretas, da arte à arquitetura, um padrão de engano se espalha pelo mundo, atraindo buscadores para a teia esotérica da **Cabala**, **da geometria sagrada** e **dos ensinamentos misteriosos**.

Estas não são explorações intelectuais inofensivas. São portas de entrada para pactos espirituais com anjos caídos disfarçados de luz.

MANIFESTAÇÕES GLOBAIS

- **Hollywood e a indústria musical** – Muitas celebridades usam abertamente pulseiras de Cabala ou tatuam símbolos sagrados (como a Árvore da Vida) que remontam ao misticismo judaico oculto.
- **Moda e arquitetura** – Desenhos maçônicos e padrões geométricos sagrados (a Flor da Vida, hexagramas, o Olho de Hórus) são incorporados em roupas, edifícios e arte digital.
- **Oriente Médio e Europa** – Centros de estudo de Cabala prosperam entre as elites, muitas vezes misturando misticismo com numerologia, astrologia e invocações angelicais.

- **Círculos on-line e da Nova Era no mundo todo** – YouTube, TikTok e podcasts normalizam " códigos de luz", "portais de energia", "vibrações 3-6-9" e ensinamentos de "matriz divina" baseados em geometria sagrada e estruturas cabalísticas.

História real — Quando a luz se torna uma mentira

Jana, uma sueca de 27 anos, começou a explorar a Cabala após seguir seu cantor favorito, que a creditou por seu "despertar criativo". Ela comprou a pulseira de fio vermelho, começou a meditar com mandalas geométricas e estudou os nomes dos anjos em antigos textos hebraicos.

As coisas começaram a mudar. Seus sonhos ficaram estranhos. Ela sentia seres ao seu lado durante o sono, sussurrando sabedoria — e depois exigindo sangue. Sombras a seguiam, mas ela ansiava por mais luz.

Por fim, ela se deparou com um vídeo de libertação online e percebeu que seu tormento não era ascensão espiritual, mas sim engano espiritual. Após seis meses de sessões de libertação, jejum e queima de todos os objetos cabalísticos de sua casa, a paz começou a retornar. Agora, ela alerta outras pessoas em seu blog: "A falsa luz quase me destruiu."

DISCERNINDO O CAMINHO

A Cabala, embora às vezes se revista de trajes religiosos, rejeita Jesus Cristo como o único caminho para Deus. Frequentemente, eleva o **"eu divino"**, promove **a canalização** e **a ascensão da árvore da vida** e utiliza **o misticismo matemático** para invocar poder. Essas práticas abrem **portais espirituais** — não para o céu, mas para entidades que se disfarçam de portadores da luz.

Muitas doutrinas cabalísticas se cruzam com:

- Maçonaria
- Rosacrucianismo
- Gnosticismo
- Cultos de iluminação luciferianos

O denominador comum? A busca pela divindade sem Cristo.

Plano de Ação – Expondo e Eliminando a Luz Falsa

1. **Arrependa-se** de todo envolvimento com a Cabala, numerologia, geometria sagrada ou ensinamentos da "escola de mistérios".
2. **Destrua objetos** em sua casa ligados a essas práticas — mandalas, altares, textos de Cabala, grades de cristal, joias com símbolos sagrados.
3. **Renuncie aos espíritos de luz falsa** (por exemplo, Metatron, Raziel, Shekinah em forma mística) e ordene que todos os anjos falsos saiam.
4. **Mergulhe** na simplicidade e suficiência de Cristo (2 Coríntios 11:3).
5. **Jejue e unja-se** — olhos, testa, mãos — renunciando a toda falsa sabedoria e declarando sua lealdade somente a Deus.

Aplicação em grupo

- Compartilhe quaisquer encontros com "ensinamentos de luz", numerologia, mídia cabalística ou símbolos sagrados.
- Em grupo, listem frases ou crenças que soam "espirituais", mas se opõem a Cristo (por exemplo, "Eu sou divino", "o universo provê", "consciência de Cristo").
- Unja cada pessoa com óleo enquanto declara João 8:12 — *"Jesus é a Luz do Mundo"*.
- Queime ou descarte quaisquer materiais ou objetos que façam referência à geometria sagrada, misticismo ou "códigos divinos".

VISÃO PRINCIPAL

Satanás não vem primeiro como o destruidor. Ele frequentemente vem como o iluminador — oferecendo conhecimento secreto e luz falsa. Mas essa luz leva apenas a uma escuridão mais profunda.

Diário de Reflexão

- Abri meu espírito a alguma "luz espiritual" que ignorou Cristo?
- Existem símbolos, frases ou objetos que eu pensava serem inofensivos, mas agora reconheço como portais?
- Eu elevei a sabedoria pessoal acima da verdade bíblica?

Oração de Libertação

Pai, renuncio a toda luz falsa, ensinamento místico e conhecimento secreto que enredaram minha alma. Confesso que somente Jesus Cristo é a verdadeira Luz do mundo. Rejeito a Cabala, a geometria sagrada, a numerologia e todas as doutrinas de demônios. Que todo espírito falso seja agora extirpado da minha vida. Purifica meus olhos, meus pensamentos, minha imaginação e meu espírito. Sou somente Teu — espírito, alma e corpo. Em nome de Jesus. Amém.

DIA 32: O ESPÍRITO DA SERPENTE INTERIOR — QUANDO A LIBERTAÇÃO CHEGA TARDE DEMAIS

"*Eles têm os olhos cheios de adultério... engodam as almas inconstantes... seguem o caminho de Balaão... para quem está reservada a negrura das trevas para sempre.*" — 2 Pedro 2:14–17

"*Não se enganem: Deus não se deixa escarnecer. O que o homem semeia, isso também colhe.*" — Gálatas 6:7

Existe uma falsificação demoníaca que se apresenta como iluminação. Ela cura, energiza, empodera — mas apenas por um período. Ela sussurra mistérios divinos, abre seu "terceiro olho", libera poder na espinha — e então **escraviza você em tormento**.

É **Kundalini**.

O **espírito da serpente**.

O falso "espírito santo" da Nova Era.

Uma vez ativada — por meio de ioga, meditação, psicodélicos, traumas ou rituais ocultistas — essa força se enrola na base da coluna e sobe como fogo pelos chakras. Muitos acreditam que seja um despertar espiritual. Na verdade, trata-se de **possessão demoníaca** disfarçada de energia divina.

Mas o que acontece quando isso **não desaparece**?

História real – "Não consigo desligar"

Marissa, uma jovem cristã no Canadá, havia se aventurado na "ioga cristã" antes de entregar sua vida a Cristo. Ela amava os sentimentos de paz, as vibrações, as visões de luz. Mas, depois de uma sessão intensa em que sentiu sua coluna "pegar fogo", ela desmaiou — e acordou sem conseguir respirar. Naquela noite, algo começou **a atormentar seu sono**, contorcendo seu corpo, aparecendo como "Jesus" em seus sonhos — mas zombando dela.

Ela recebeu **libertação** cinco vezes. Os espíritos partiam — mas retornavam. Sua coluna ainda vibrava. Seus olhos enxergavam o reino espiritual constantemente. Seu corpo se movia involuntariamente. Apesar da salvação, ela agora caminhava por um inferno que poucos cristãos entendiam. Seu espírito estava salvo — mas sua alma estava **violada, rachada e fragmentada**.

As consequências sobre as quais ninguém fala

- **Terceiros olhos permanecem abertos**: visões constantes, alucinações, ruído espiritual, "anjos" falando mentiras.
- **O corpo não para de vibrar**: Energia incontrolável, pressão no crânio, palpitações cardíacas.
- **Tormento implacável**: Mesmo depois de mais de 10 sessões de libertação.
- **Isolamento**: Pastores não entendem. Igrejas ignoram o problema. A pessoa é rotulada de "instável".
- **Medo do inferno**: Não por causa do pecado, mas por causa do tormento que se recusa a acabar.

Os cristãos podem chegar a um ponto sem retorno?

Sim — nesta vida. Você pode ser **salvo**, mas tão fragmentado que **sua alma estará em tormento até a morte**.

Isto não é alarmismo. É um **aviso profético**.

Exemplos globais

- **África** – Falsos profetas liberando fogo Kundalini durante os cultos — as pessoas convulsionam, espumam, riem ou rugem.
- **Ásia** – Mestres de Yoga ascendendo ao "siddhi" (possessão demoníaca) e chamando isso de consciência divina.
- **Europa/América do Norte** – Movimentos neocarismáticos canalizando "reinos de glória", latindo, rindo, caindo incontrolavelmente — não de Deus.
- **América Latina** – Despertares xamânicos usando ayahuasca (drogas vegetais) para abrir portas espirituais que não podem fechar.

PLANO DE AÇÃO — SE Você Foi Longe Demais

1. **Confesse o portal exato** : Kundalini yoga, meditações do terceiro olho, igrejas da nova era, psicodélicos, etc.
2. **Pare de perseguir a libertação** : alguns espíritos atormentam por mais tempo quando você continua a fortalecê-los com medo.
3. **Ancore-se nas Escrituras** DIARIAMENTE — especialmente no Salmo 119, Isaías 61 e João 1. Eles renovam a alma.
4. **Submeta-se à comunidade** : encontre pelo menos um crente cheio do Espírito Santo para caminhar com você. O isolamento fortalece os demônios.
5. **Renuncie a toda "visão", fogo, conhecimento, energia espiritual** — mesmo que pareça sagrado.
6. **Peça misericórdia a Deus** — Não uma vez. Diariamente. A cada hora. Persista. Deus pode não remover instantaneamente, mas Ele o carregará.

APLICAÇÃO EM GRUPO

- Organize um momento de reflexão silenciosa. Pergunte-se: Busquei poder espiritual em detrimento da pureza espiritual?
- Ore por aqueles que sofrem tormento implacável. NÃO prometa liberdade instantânea — prometa **discipulado** .
- Ensine a diferença entre o **fruto do Espírito** (Gálatas 5:22–23) e **manifestações da alma** (tremores, calor, visões).
- Queime ou destrua todos os objetos da nova era: símbolos de chakra, cristais, tapetes de ioga, livros, óleos, "cartões de Jesus".

Visão principal

Existe uma **linha** que pode ser cruzada — quando a alma se torna um portal aberto e se recusa a se fechar. Seu espírito pode ser salvo... mas sua alma e seu corpo ainda podem viver em tormento se você tiver sido contaminado pela luz oculta.

Diário de Reflexão

- Alguma vez busquei poder, fogo ou visão profética mais do que santidade e verdade?
- Abri portas por meio de práticas da nova era "cristianizadas"?
- Estou disposto a **caminhar diariamente** com Deus mesmo que a libertação completa leve anos?

Oração de Sobrevivência

Pai, eu clamo por misericórdia. Renuncio a todo espírito de serpente, poder da Kundalini, abertura do terceiro olho, fogo falso ou falsificação da nova era que já toquei. Entrego minha alma — fragmentada como está — de volta a Ti. Jesus, resgata-me não apenas do pecado, mas do tormento. Sela meus portões. Cura minha mente. Fecha meus olhos. Esmaga a serpente em minha espinha. Espero por Ti, mesmo na dor. E não desistirei. Em nome de Jesus. Amém.

DIA 33: O ESPÍRITO DA SERPENTE INTERIOR — QUANDO A LIBERTAÇÃO CHEGA TARDE DEMAIS

"*Eles têm os olhos cheios de adultério... engodam as almas inconstantes... seguem o caminho de Balaão... para quem está reservada a negrura das trevas para sempre.*" — 2 Pedro 2:14–17

"*Não se enganem: Deus não se deixa escarnecer. O que o homem semeia, isso também colhe.*" — Gálatas 6:7

Existe uma falsificação demoníaca que se apresenta como iluminação. Ela cura, energiza, empodera — mas apenas por um período. Ela sussurra mistérios divinos, abre seu "terceiro olho", libera poder na espinha — e então **escraviza você em tormento**.

É **Kundalini**.

O **espírito da serpente**.

O falso "espírito santo" da Nova Era.

Uma vez ativada — por meio de ioga, meditação, psicodélicos, traumas ou rituais ocultistas — essa força se enrola na base da coluna e sobe como fogo pelos chakras. Muitos acreditam que seja um despertar espiritual. Na verdade, trata-se de **possessão demoníaca** disfarçada de energia divina.

Mas o que acontece quando isso **não desaparece**?

História real – "Não consigo desligar"

Marissa, uma jovem cristã no Canadá, havia se aventurado na "ioga cristã" antes de entregar sua vida a Cristo. Ela amava os sentimentos de paz, as vibrações, as visões de luz. Mas, depois de uma sessão intensa em que sentiu sua coluna "pegar fogo", ela desmaiou — e acordou sem conseguir respirar. Naquela noite, algo começou **a atormentar seu sono**, contorcendo seu corpo, aparecendo como "Jesus" em seus sonhos — mas zombando dela.

Ela recebeu **libertação** cinco vezes. Os espíritos partiam — mas retornavam. Sua coluna ainda vibrava. Seus olhos enxergavam o reino espiritual constantemente. Seu corpo se movia involuntariamente. Apesar da salvação, ela agora caminhava por um inferno que poucos cristãos entendiam. Seu espírito estava salvo — mas sua alma estava **violada, rachada e fragmentada**.

As consequências sobre as quais ninguém fala

- **Terceiros olhos permanecem abertos** : visões constantes, alucinações, ruído espiritual, "anjos" falando mentiras.
- **O corpo não para de vibrar** : Energia incontrolável, pressão no crânio, palpitações cardíacas.
- **Tormento implacável** : Mesmo depois de mais de 10 sessões de libertação.
- **Isolamento** : Pastores não entendem. Igrejas ignoram o problema. A pessoa é rotulada de "instável".
- **Medo do inferno** : Não por causa do pecado, mas por causa do tormento que se recusa a acabar.

Os cristãos podem chegar a um ponto sem retorno?

Sim — nesta vida. Você pode ser **salvo**, mas tão fragmentado que **sua alma estará em tormento até a morte**.

Isto não é alarmismo. É um **aviso profético**.

Exemplos globais

- **África** – Falsos profetas liberando fogo Kundalini durante os cultos — as pessoas convulsionam, espumam, riem ou rugem.
- **Ásia** – Mestres de Yoga ascendendo ao "siddhi" (possessão demoníaca) e chamando isso de consciência divina.
- **Europa/América do Norte** – Movimentos neocarismáticos canalizando "reinos de glória", latindo, rindo, caindo incontrolavelmente — não de Deus.
- **América Latina** – Despertares xamânicos usando ayahuasca (drogas vegetais) para abrir portas espirituais que não podem fechar.

Plano de Ação — Se Você Foi Longe Demais

1. **Confesse o portal exato** : Kundalini yoga, meditações do terceiro olho, igrejas da nova era, psicodélicos, etc.
2. **Pare de perseguir a libertação** : alguns espíritos atormentam por mais tempo quando você continua a fortalecê-los com medo.
3. **Ancore-se nas Escrituras** DIARIAMENTE — especialmente no Salmo 119, Isaías 61 e João 1. Eles renovam a alma.
4. **Submeta-se à comunidade** : encontre pelo menos um crente cheio do Espírito Santo para caminhar com você. O isolamento fortalece os demônios.
5. **Renuncie a toda "visão", fogo, conhecimento, energia espiritual** — mesmo que pareça sagrado.
6. **Peça misericórdia a Deus** — Não uma vez. Diariamente. A cada hora. Persista. Deus pode não remover instantaneamente, mas Ele o carregará.

Aplicação em grupo

- Organize um momento de reflexão silenciosa. Pergunte-se: Busquei poder espiritual em detrimento da pureza espiritual?
- Ore por aqueles que sofrem tormento implacável. NÃO prometa liberdade instantânea — prometa **discipulado** .
- Ensine a diferença entre o **fruto do Espírito** (Gálatas 5:22–23) e **manifestações da alma** (tremores, calor, visões).
- Queime ou destrua todos os objetos da nova era: símbolos de chakra, cristais, tapetes de ioga, livros, óleos, "cartões de Jesus".

Visão principal

Existe uma **linha** que pode ser cruzada — quando a alma se torna um portal aberto e se recusa a se fechar. Seu espírito pode ser salvo... mas sua alma e seu corpo ainda podem viver em tormento se você tiver sido contaminado pela luz oculta.

Diário de Reflexão

- Alguma vez busquei poder, fogo ou visão profética mais do que santidade e verdade?
- Abri portas por meio de práticas da nova era "cristianizadas"?
- Estou disposto a **caminhar diariamente** com Deus mesmo que a libertação completa leve anos?

Oração de Sobrevivência

Pai, eu clamo por misericórdia. Renuncio a todo espírito de serpente, poder da Kundalini, abertura do terceiro olho, fogo falso ou falsificação da nova era que já toquei. Entrego minha alma — fragmentada como está — de volta a Ti. Jesus, resgata-me não apenas do pecado, mas do tormento. Sela meus portões. Cura minha mente. Fecha meus olhos. Esmaga a serpente em minha espinha. Espero por Ti, mesmo na dor. E não desistirei. Em nome de Jesus. Amém.

DIA 34: MAÇONS, CÓDIGOS E MALDIÇÕES — Quando a Fraternidade se Torna Escravidão

"*Não vos associeis às obras infrutíferas das trevas; antes, condenai-as.*" — Efésios 5:11

"*Não fareis aliança com elas, nem com os seus deuses.*" — Êxodo 23:32

Sociedades secretas prometem sucesso, conexão e sabedoria ancestral. Elas oferecem **juramentos, diplomas e segredos** transmitidos "para homens de bem". Mas o que a maioria não percebe é que essas sociedades são **altares de alianças**, muitas vezes construídos com base em sangue, engano e lealdade demoníaca.

Da Maçonaria à Cabala, dos Rosacruzes à Caveira e Ossos — essas organizações não são apenas clubes. São **contratos espirituais**, forjados na escuridão e selados com ritos que **amaldiçoam gerações**.

Alguns se juntaram voluntariamente. Outros tiveram ancestrais que se juntaram.

De qualquer forma, a maldição permanece — até ser quebrada.

Um Legado Oculto — A História de Jason

Jason, um banqueiro de sucesso nos EUA, tinha tudo a seu favor — uma bela família, riqueza e influência. Mas, à noite, ele acordava engasgado, vendo figuras encapuzadas e ouvindo encantamentos em seus sonhos. Seu avô havia sido maçom de grau 33, e Jason ainda usava o anel.

Certa vez, ele proferiu os votos maçônicos em tom de brincadeira em um evento de clube — mas, no momento em que o fez, **algo lhe ocorreu**. Sua mente começou a desmoronar. Ele ouviu vozes. Sua esposa o abandonou. Ele tentou acabar com tudo.

Em um retiro, alguém discerniu o elo maçônico. Jason chorou ao **renunciar a todos os juramentos**, quebrou o anel e experimentou a libertação por três horas. Naquela noite, pela primeira vez em anos, ele dormiu em paz.

Seu testemunho?

"Não se brinca com altares secretos. Eles falam — até que você os faça calar em nome de Jesus."

REDE GLOBAL DA IRMANDADE

- **Europa** – A Maçonaria está profundamente enraizada nos negócios, na política e nas denominações religiosas.
- **África** – Illuminati e ordens secretas oferecendo riqueza em troca de almas; cultos em universidades.
- **América Latina** – Infiltração jesuíta e ritos maçônicos misturados ao misticismo católico.
- **Ásia** – Antigas escolas de mistérios, sacerdócios de templos vinculados a juramentos geracionais.
- **América do Norte** – Estrela do Oriente, Rito Escocês, fraternidades como Skull & Bones, elites do Bohemian Grove.

Esses cultos frequentemente invocam "Deus", mas não o **Deus da Bíblia** — eles fazem referência ao **Grande Arquiteto**, uma força impessoal ligada à **luz luciferiana**.

Sinais de que você é afetado

- Doença crônica que os médicos não conseguem explicar.
- Medo de progredir ou medo de romper com os sistemas familiares.
- Sonhos com vestes, rituais, portas secretas, alojamentos ou cerimônias estranhas.
- Depressão ou insanidade na linha masculina.
- Mulheres lutando contra a esterilidade, o abuso ou o medo.

Plano de Ação de Libertação

1. **Renuncie a todos os juramentos conhecidos** – especialmente se você ou sua família fizeram parte da Maçonaria, Rosacruzes, Estrela do Oriente, Cabala ou qualquer "irmandade".
2. **Quebre todos os graus** – do Aprendiz até o 33º Grau, pelo nome.
3. **Destrua todos os símbolos** – anéis, aventais, livros, pingentes, certificados, etc.
4. **Feche o portão** – espiritual e legalmente por meio de oração e declaração.

Use estas escrituras:

- Isaías 28:18 — "A vossa aliança com a morte será anulada."
- Gálatas 3:13 — "Cristo nos resgatou da maldição da lei."
- Ezequiel 13:20–23 — "Rasgarei os vossos véus e libertarei o meu povo."

Aplicação em grupo

- Pergunte se algum membro teve pais ou avós em sociedades secretas.
- Lidere uma **renúncia guiada** por todos os graus da Maçonaria (você pode criar um roteiro impresso para isso).
- Use atos simbólicos — queime um anel antigo ou desenhe uma cruz sobre a testa para anular o "terceiro olho" aberto em rituais.
- Ore pelas mentes, pescoços e costas — esses são locais comuns de escravidão.

Visão principal
Fraternidade sem o sangue de Cristo é uma fraternidade de escravidão.
Você deve escolher: aliança com o homem ou aliança com Deus.
Diário de Reflexão

- Alguém na minha família se envolveu com Maçonaria, misticismo ou juramentos secretos?
- Recitei ou imitei, sem saber, votos, credos ou símbolos vinculados a sociedades secretas?

- Estou disposto a quebrar a tradição familiar para andar plenamente na aliança de Deus?

Oração de Renúncia

Pai, em nome de Jesus, renuncio a todo pacto, juramento ou ritual vinculado à Maçonaria, à Cabala ou a qualquer sociedade secreta — em minha vida ou linhagem. Quebro todo grau, toda mentira, todo direito demoníaco concedido por meio de cerimônias ou símbolos. Declaro que Jesus Cristo é minha única Luz, meu único Arquiteto e meu único Senhor. Recebo a liberdade agora, em nome de Jesus. Amém.

DIA 35: BRUXAS NOS BANCOS — QUANDO O MAL ENTRA PELAS PORTAS DA IGREJA

"Pois tais homens são falsos apóstolos, obreiros fraudulentos, disfarçando-se em apóstolos de Cristo. E não é de admirar, pois até Satanás se disfarça em anjo de luz." — 2 Coríntios 11:13–14

"Conheço as tuas obras, o teu amor e a tua fé... Contudo, tenho contra ti que toleras Jezabel, aquela mulher que se diz profetisa..." — Apocalipse 2:19–20

A bruxa mais perigosa não é aquela que voa à noite.

É aquela que **está sentada ao seu lado na igreja**.

Eles não usam vestes pretas nem andam de vassoura.

Lideram reuniões de oração. Cantam em grupos de louvor. Profetizam em línguas. Pastoreiam igrejas. E, no entanto... são **portadores das trevas**.

Alguns sabem exatamente o que estão fazendo — enviados como assassinos espirituais.

Outros são vítimas de bruxaria ancestral ou rebelião, operando com dons **impuros**.

A Igreja como Capa — A História de "Miriam"

Miriam era uma popular ministra de libertação em uma grande igreja da África Ocidental. Sua voz ordenava que os demônios fugissem. Pessoas viajavam por nações para serem ungidas por ela.

Mas Miriam tinha um segredo: à noite, ela viajava para fora do seu corpo. Ela via as casas dos membros da igreja, suas fraquezas e suas linhagens. Ela achava que era o "profético".

Seu poder cresceu. Mas seu tormento também.

Ela começou a ouvir vozes. Não conseguia dormir. Seus filhos foram atacados. Seu marido a abandonou.

Ela finalmente confessou: ela havia sido "ativada" quando criança por sua avó, uma bruxa poderosa que a fazia dormir sob cobertores amaldiçoados.

"Eu pensava que estava cheio do Espírito Santo. Era um espírito... mas não Santo."

Ela passou pela libertação. Mas a guerra nunca parou. Ela diz:

"Se eu não tivesse confessado, teria morrido em um altar em chamas... na igreja."

Situações globais de bruxaria oculta na Igreja

- **África** – Inveja espiritual. Profetas usando adivinhação, rituais, espíritos da água. Muitos altares são, na verdade, portais.
- **Europa** – Médiuns psíquicos disfarçados de "treinadores espirituais". Bruxaria envolta em cristianismo da nova era.
- **Ásia** – Sacerdotisas do templo entrando em igrejas para plantar maldições e monitorar astralmente os convertidos.
- **América Latina** – "pastores" praticantes de Santeria que pregam a libertação, mas sacrificam galinhas à noite.
- **América do Norte** – Bruxas cristãs que afirmam ter "Jesus e tarô", curandeiros energéticos em palcos de igrejas e pastores envolvidos em ritos da Maçonaria.

Sinais de bruxaria operando na Igreja

- Atmosfera pesada ou confusão durante o culto.
- Sonhos com cobras, sexo ou animais após os serviços religiosos.
- Liderança caindo em pecado ou escândalo repentino.
- "Profecias" que manipulam, seduzem ou envergonham.
- Qualquer um que diga "Deus me disse que você é meu marido/esposa".
- Objetos estranhos encontrados perto do púlpito ou altares.

PLANO DE AÇÃO DE LIBERTAÇÃO

1. **Ore por discernimento** — Peça ao Espírito Santo para revelar se há bruxas escondidas em sua irmandade.
2. **Teste todo espírito** — Mesmo que pareça espiritual (1 João 4:1).
3. **Rompa os laços da alma** — Se alguém impuro orou por você, profetizou algo a você ou tocou em você, **renuncie a isso**.
4. **Ore por sua igreja** — Declare o fogo de Deus para expor todo altar escondido, pecado secreto e sanguessuga espiritual.
5. **Se você for uma vítima** — procure ajuda. Não fique em silêncio nem sozinho.

Aplicação em grupo

- Pergunte aos membros do grupo: Vocês já se sentiram desconfortáveis ou espiritualmente violados em um culto na igreja?
- Lidere uma **oração de limpeza corporativa** para a irmandade.
- Unja cada pessoa e declare um **firewall espiritual** ao redor de mentes, altares e dons.
- Ensine os líderes a **selecionar dons** e **testar espíritos** antes de permitir que as pessoas assumam funções visíveis.

Visão principal
Nem todos os que dizem "Senhor, Senhor" são do Senhor.
A igreja é o **principal campo de batalha** da contaminação espiritual — mas também o lugar de cura quando a verdade é mantida.

Diário de Reflexão

- Recebi orações, mensagens ou orientação de alguém cuja vida produziu frutos profanos?
- Houve momentos em que me senti "estranho" depois da igreja, mas ignorei?
- Estou disposto a confrontar a bruxaria mesmo que ela use um terno ou cante no palco?

Oração de Exposição e Liberdade

Senhor Jesus, eu Te agradeço por seres a verdadeira Luz. Peço-Te agora que exponhas todo agente oculto das trevas que opera em minha vida e convívio. Renuncio a toda transmissão profana, falsa profecia ou laço de alma que recebi de impostores espirituais. Purifica-me com Teu sangue. Purifica meus dons. Guarda meus portões. Queima todo espírito falso com Teu fogo sagrado. Em nome de Jesus. Amém.

DIA 36: FEITIÇOS CODIFICADOS — QUANDO MÚSICAS, MODA E FILMES SE TORNAM PORTAIS

"Não participem das obras infrutíferas das trevas; pelo contrário, repreendam-nas." — Efésios 5:11

"Não se envolvam com fábulas profanas nem com contos de velhas; antes, exercitem-se em Deus." — 1 Timóteo 4:7

Nem toda batalha começa com um sacrifício de sangue.

Algumas começam com uma **batida**.

Uma melodia. Uma letra cativante que gruda na alma. Ou um **símbolo** nas suas roupas que você achou "legal".

Ou um show "inofensivo" que você assiste compulsivamente enquanto demônios sorriem nas sombras.

No mundo hiperconectado de hoje, a bruxaria é **codificada**, escondida à **vista de todos** por meio da mídia, música, filmes e moda.

Um Som Escurecido — História Real: "Os Fones de Ouvido"

Elijah, um jovem de 17 anos nos EUA, começou a ter ataques de pânico, noites sem dormir e sonhos demoníacos. Seus pais cristãos acharam que era estresse.

Mas durante uma sessão de libertação, o Espírito Santo instruiu a equipe a perguntar sobre sua **música**.

Ele confessou: "Eu ouço trap metal. Sei que é sombrio... mas me ajuda a me sentir poderoso."

Quando a equipe tocou uma de suas músicas favoritas em oração, uma **manifestação** ocorreu.

As batidas foram codificadas com **faixas de cânticos** de rituais ocultistas. O mascaramento reverso revelou frases como "submeta sua alma" e "Lúcifer fala".

Depois que Elijah apagou a música, arrependeu-se e renunciou à conexão, a paz retornou.

A guerra havia entrado pelos seus **ouvidos**.

Padrões de Programação Global

- **África** – Músicas afrobeat ligadas a rituais financeiros; referências a "juju" escondidas nas letras; marcas de moda com símbolos de reinos marinhos.
- **Ásia** – K-pop com mensagens sexuais subliminares e de canalização espiritual; personagens de anime infundidos com a tradição demoníaca do Xintoísmo.
- **América Latina** – Reggaeton promovendo cânticos de santería e feitiços codificados de trás para frente.
- **Europa** – Casas de moda (Gucci, Balenciaga) incorporando imagens e rituais satânicos na cultura das passarelas.
- **América do Norte** – Filmes de Hollywood codificados com bruxaria (Marvel, terror, filmes "luz vs escuridão"); desenhos animados que usam feitiços como diversão.

Common Entry Portals (and Their Spirit Assignments)

Media Type	Portal	Demonic Assignment
Music	Beats/samples from rituals	Torment, violence, rebellion
TV Series	Magic, lust, murder glorification	Desensitization, soul dulling
Fashion	Symbols (serpent, eye, goat, triangles)	Identity confusion, spiritual binding
Video Games	Sorcery, blood rites, avatars	Astral transfer, addiction, occult alignment
Social Media	Trends on "manifestation," crystals, spells	Sorcery normalization

PLANO DE AÇÃO – DISCERNIR, Desintoxicar, Defender

1. **Examine sua playlist, seu guarda-roupa e seu histórico de reprodução**. Procure por conteúdo oculto, lascivo, rebelde ou violento.
2. **Peça ao Espírito Santo para expor** toda influência profana.
3. **Exclua e destrua**. Não venda nem doe. Queime ou jogue no lixo qualquer coisa demoníaca — física ou digital.
4. **Unja seus dispositivos**, seu ambiente e seus ouvidos. Declare-os santificados para a glória de Deus.
5. **Substitua pela verdade**: música de adoração, filmes piedosos, livros e leituras das Escrituras que renovam sua mente.

Aplicação em grupo

- Lidere os membros em um "Inventário de Mídia". Peça que cada pessoa anote programas, músicas ou itens que eles suspeitam que possam ser portais.
- Ore pelos celulares e fones de ouvido. Unja-os.
- Faça um "jejum detox" em grupo — de 3 a 7 dias sem mídia secular. Alimente-se apenas da Palavra de Deus, adoração e comunhão.
- Testemunhe os resultados na próxima reunião.

Visão principal
Os demônios não precisam mais de um santuário para entrar na sua casa. Tudo o que eles precisam é do seu consentimento para apertar o play.

Diário de Reflexão

- O que eu assisti, ouvi ou vesti que pode ser uma porta aberta para a opressão?
- Estou disposto a abrir mão do que me diverte se isso também me escraviza?
- Normalizei a rebelião, a luxúria, a violência ou a zombaria em nome

da "arte"?

ORAÇÃO DE PURIFICAÇÃO

Senhor Jesus, venho diante de Ti pedindo uma desintoxicação espiritual completa. Expõe todo feitiço codificado que deixei entrar em minha vida através da música, da moda, dos jogos ou da mídia. Arrependo-me de assistir, vestir e ouvir o que Te desonra. Hoje, rompo os laços da alma. Expulso todo espírito de rebelião, feitiçaria, luxúria, confusão ou tormento. Purifica meus olhos, ouvidos e coração. Agora, dedico meu corpo, minha mídia e minhas escolhas somente a Ti. Em nome de Jesus. Amém.

DIA 37: OS ALTARES INVISÍVEIS DO PODER — MAÇONS, CABALA E ELITE OCULTA

"*Mais uma vez, o diabo o levou a um monte muito alto e lhe mostrou todos os reinos do mundo e a glória deles. 'Tudo isto eu te darei', disse ele, 'se te prostrares e me adorares.'*" — Mateus 4:8–9

"*Vocês não podem beber o cálice do Senhor e também o cálice dos demônios; vocês não podem participar da mesa do Senhor e da mesa dos demônios.*" — 1 Coríntios 10:21

Há altares escondidos não em cavernas, mas em salas de reuniões.

Espíritos não apenas nas selvas — mas em salões governamentais, torres financeiras, bibliotecas da Ivy League e santuários disfarçados de "igrejas".

Bem-vindos ao reino da **elite oculta** :

maçons, rosacruzes , cabalistas , ordens jesuítas, Estrelas do Oriente e sacerdócios luciferianos ocultos que **encobrem sua devoção a Satanás em rituais, segredos e símbolos** . Seus deuses são a razão, o poder e o conhecimento ancestral — mas suas **almas estão comprometidas com as trevas** .

Escondido à vista de todos

- **A Maçonaria** se disfarça como uma fraternidade de construtores — mas seus graus mais elevados invocam entidades demoníacas, fazem juramentos de morte e exaltam Lúcifer como "portador da luz".
- **A Cabala** promete acesso místico a Deus — mas sutilmente substitui Yahweh por mapas de energia cósmica e numerologia.
- **O misticismo jesuíta** , em suas formas corrompidas, frequentemente mistura imagens católicas com manipulação espiritual e controle dos sistemas mundiais.

- **Hollywood, moda, finanças e política** carregam mensagens codificadas, símbolos e **rituais públicos que são, na verdade, cultos de adoração a Lúcifer**.

Você não precisa ser uma celebridade para ser afetado. Esses sistemas **poluem as nações** por meio de:

- Programação de mídia
- Sistemas educacionais
- Compromisso religioso
- Dependência financeira
- Rituais disfarçados de "iniciações", "promessas" ou "acordos de marca"

História real – "A Loja arruinou minha linhagem"
Solomon (nome fictício), um magnata empresarial bem-sucedido do Reino Unido, filiou-se a uma loja maçônica para fazer networking. Ele ascendeu rapidamente, acumulando riqueza e prestígio. Mas também começou a ter pesadelos aterrorizantes — homens encapuzados o invocando, juramentos de sangue, animais sombrios o perseguindo. Sua filha começou a se cortar, alegando que uma "presença" a motivava a fazer isso.

Certa noite, ele viu um homem em seu quarto — meio humano, meio chacal — que lhe disse: *"Você é meu. O preço já foi pago."* Ele procurou um ministério de libertação. Foram **sete meses de renúncia, jejum, rituais de vômito e troca de todos os laços ocultos** — antes que a paz chegasse.

Mais tarde, ele descobriu: **seu avô era maçom de grau 33. Ele apenas continuou o legado sem saber.**

Alcance global

- **África** – Sociedades secretas entre governantes tribais, juízes, pastores — jurando fidelidade a juramentos de sangue em troca de poder.
- **Europa** – Cavaleiros de Malta, lojas iluministas e universidades esotéricas de elite.
- **América do Norte** – Fundações maçônicas na maioria dos documentos de fundação, estruturas judiciais e até mesmo igrejas.
- **Ásia** – Cultos ocultos de dragões, ordens ancestrais e grupos políticos

enraizados em híbridos de budismo e xamanismo.
- **América Latina** – Cultos sincréticos que misturam santos católicos com espíritos luciferianos como Santa Muerte ou Baphomet.

Plano de Ação — Escapando dos Altares da Elite

1. **Renuncie** a qualquer envolvimento com a Maçonaria, a Estrela do Oriente, os juramentos dos Jesuítas, os livros gnósticos ou os sistemas místicos — mesmo o estudo "acadêmico" deles.
2. **Destrua** insígnias, anéis, broches, livros, aventais, fotos e símbolos.
3. **Quebre maldições** — especialmente juramentos de morte e votos de iniciação. Use Isaías 28:18 ("Sua aliança com a morte será anulada...").
4. **Jejue 3 dias** lendo Ezequiel 8, Isaías 47 e Apocalipse 17.
5. **Substitua o altar** : rededique-se somente ao altar de Cristo (Romanos 12:1-2). Comunhão. Adoração. Unção.

Você não pode estar nas cortes do céu e nas cortes de Lúcifer ao mesmo tempo. Escolha seu altar.

Aplicação em grupo

- Mapeie organizações de elite comuns em sua região — e ore diretamente contra sua influência espiritual.
- Realize uma sessão onde os membros possam confessar confidencialmente se suas famílias estavam envolvidas na Maçonaria ou em cultos semelhantes.
- Leve óleo e comunhão — lidere uma renúncia em massa de juramentos, rituais e selos feitos em segredo.
- Quebre o orgulho — lembre ao grupo: **Nenhum acesso vale sua alma.**

Visão principal

Sociedades secretas prometem luz. Mas somente Jesus é a Luz do Mundo. Todos os outros altares exigem sangue — mas não podem salvar.

Diário de Reflexão

- Alguém da minha linhagem estava envolvido em sociedades secretas ou "ordens"?
- Eu li ou tive livros de ocultismo disfarçados de textos acadêmicos?
- Quais símbolos (pentagramas, olhos que tudo veem, sóis, serpentes, pirâmides) estão escondidos em minhas roupas, obras de arte ou joias?

Oração de Renúncia
Pai, renuncio a toda sociedade secreta, loja, juramento, ritual ou altar que não seja fundado em Jesus Cristo. Quebro os pactos dos meus pais, da minha linhagem e da minha própria boca. Rejeito a Maçonaria, a Cabala, o misticismo e todo pacto oculto feito para obter poder. Destruo todo símbolo, todo selo e toda mentira que prometia luz, mas trazia escravidão. Jesus, eu Te entronizo novamente como meu único Mestre. Irradie a Tua luz em cada lugar secreto. Em Teu nome, eu caminho livre. Amém.

DIA 38: ALIANÇAS DO ÚTERO E REINOS DAS ÁGUAS — QUANDO O DESTINO É PROFILIFICADO ANTES DO NASCIMENTO

"*Os ímpios se alienam desde o ventre materno; desde o ventre materno se desviam, falando mentiras.*" — Salmo 58:3

"*Antes que eu te formasse no ventre materno, eu te conheci; antes que saísses da madre, eu te separei...*" — Jeremias 1:5

E se as batalhas que você está travando não começassem com suas escolhas — mas com sua concepção?

E se seu nome fosse falado em lugares escuros enquanto você ainda estivesse no útero?

E se **sua identidade fosse trocada**, seu **destino vendido** e sua **alma marcada** — antes de você dar seu primeiro suspiro?

Esta é a realidade da **iniciação subaquática**, **dos pactos espirituais marinhos** e **das reivindicações ocultas do útero** que **unem gerações**, especialmente em regiões com rituais ancestrais e costeiros profundos.

O Reino da Água — O Trono de Satanás Abaixo

No reino invisível, Satanás governa **mais do que apenas o ar**. Ele também governa **o mundo marinho** — uma vasta rede demoníaca de espíritos, altares e rituais sob oceanos, rios e lagos.

Os espíritos marinhos (comumente chamados de *Mami Wata*, *Rainha da Costa*, *esposas/maridos espirituais*, etc.) são responsáveis por:

- Morte prematura
- Esterilidade e abortos espontâneos
- Escravidão sexual e sonhos
- Tormento mental

- Aflições em recém-nascidos
- Padrões de ascensão e queda de negócios

Mas como esses espíritos ganham **força legal**?
No útero.
Iniciações Invisíveis Antes do Nascimento

- **Dedicatórias ancestrais** – Uma criança "prometida" a uma divindade se nascer saudável.
- **Sacerdotisas ocultas** tocando o útero durante a gravidez.
- **Nomes de aliança** dados pela família — homenageando, sem saber, rainhas ou espíritos marinhos.
- **Rituais de nascimento** feitos com água do rio, amuletos ou ervas de santuários.
- **Enterro do cordão umbilical** com encantamentos.
- **Gravidez em ambientes ocultos** (por exemplo, lojas da Maçonaria, centros da nova era, cultos polígamos).

Algumas crianças já nascem escravizadas. É por isso que gritam violentamente ao nascer — seu espírito sente a escuridão.

História real – "Meu bebê pertencia ao rio"
Jessica, de Serra Leoa, tentava engravidar há 5 anos. Finalmente, engravidou depois que um "profeta" lhe deu um sabonete para tomar banho e um óleo para esfregar no útero. O bebê nasceu forte — mas, aos 3 meses, começou a chorar sem parar, sempre à noite. Ele odiava água, gritava durante o banho e tremia incontrolavelmente quando o levavam para perto do rio.

Um dia, seu filho teve convulsões e morreu por 4 minutos. Ele se recuperou — e **começou a falar com palavras completas aos 9 meses**: "Eu não pertenço a este lugar. Eu pertenço à Rainha."

Aterrorizada, Jessica buscou libertação. A criança só foi libertada após 14 dias de jejum e orações de renúncia — seu marido teve que destruir um ídolo de família escondido em sua aldeia antes que o tormento cessasse.

Bebês não nascem sem vida. Eles nascem em batalhas que devemos travar por eles.

PARALELOS GLOBAIS

- **África** – Altares fluviais, dedicatórias de Mami Wata, rituais de placenta.
- **Ásia** – Espíritos da água invocados durante nascimentos budistas ou animistas.
- **Europa** – Pactos de parteiras druidas, ritos ancestrais da água, dedicatórias maçônicas.
- **América Latina** – Nomeação de santeria, espíritos de rios (ex.: Oxum), nascimento segundo mapas astrológicos.
- **América do Norte** – Rituais de parto da nova era, parto hipnótico com guias espirituais, "cerimônias de bênção" por médiuns.

Sinais de escravidão iniciada no útero

- Repetição de padrões de aborto espontâneo ao longo de gerações
- Terrores noturnos em bebês e crianças
- Infertilidade inexplicada apesar da autorização médica
- Sonhos constantes com água (oceanos, inundações, natação, sereias)
- Medo irracional de água ou afogamento
- Sentindo-se "reivindicado" — como se algo estivesse observando desde o nascimento

---

Plano de Ação — Quebrar a Aliança do Útero

1. **Peça ao Espírito Santo** para revelar se você (ou seu filho) foi iniciado por meio de rituais no útero.
2. **Renuncie** a qualquer acordo feito durante a gravidez — consciente ou inconscientemente.
3. **Ore sobre sua própria história de parto** — mesmo que sua mãe não esteja disponível, fale como o guardião espiritual legal de sua vida.
4. **Jejue com Isaías 49 e Salmo 139** – para resgatar seu projeto divino.
5. **Se estiver grávida**: unja sua barriga e fale diariamente sobre seu filho

ainda não nascido:

"Vocês são separados para o Senhor. Nenhum espírito de água, sangue ou trevas os possuirá. Vocês pertencem a Jesus Cristo — corpo, alma e espírito."

Aplicação em grupo

- Peça aos participantes que escrevam o que sabem sobre sua história de parto — incluindo rituais, parteiras ou eventos de nomeação.
- Incentive os pais a dedicarem novamente seus filhos em um "Culto de Nomeação e Aliança Centrado em Cristo".
- Lidere orações quebrando alianças de água usando *Isaías 28:18*, *Colossenses 2:14* e *Apocalipse 12:11*.

Visão principal

O útero é um portal — e o que passa por ele muitas vezes entra com uma bagagem espiritual. Mas nenhum altar uterino é maior que a Cruz.

Diário de Reflexão

- Houve algum objeto, óleo, amuleto ou nome envolvido na minha concepção ou nascimento?
- Eu sofro ataques espirituais que começaram na infância?
- Será que, sem saber, passei pactos marítimos para meus filhos?

Oração de Libertação

Pai Celestial, Tu me conhecias antes de eu ser formada. Hoje, quebro toda aliança oculta, ritual de água e dedicação demoníaca feita durante ou antes do meu nascimento. Rejeito toda alegação de espíritos marinhos, espíritos familiares ou altares uterinos geracionais. Que o sangue de Jesus reescreva a história do meu nascimento e a história dos meus filhos. Eu nasci do Espírito — não de altares de água. Em nome de Jesus. Amém.

DIA 39: BATIZADOS NAS ÁGUAS PARA A ESCRAVIDÃO — COMO CRIANÇAS, INICIAIS E ALIANÇAS INVISÍVEIS ABREM PORTAS

"Eles derramaram sangue inocente, o sangue de seus filhos e filhas, que sacrificaram aos ídolos de Canaã, e a terra foi profanada pelo sangue deles." — Salmo 106:38

"Pode-se tirar o despojo dos guerreiros, ou resgatar os cativos dos ferozes?" Mas assim diz o Senhor: "Sim, cativos serão tirados dos guerreiros, e o despojo recuperado dos ferozes..." — Isaías 49:24–25

Muitos destinos não foram apenas **descarrilados na idade adulta** — eles foram **sequestrados na infância**.

Aquela cerimônia de nomeação aparentemente inocente...

Aquele mergulho casual na água do rio "para abençoar a criança"...

A moeda na mão... O corte embaixo da língua... O óleo de uma "avó espiritual"... Até as iniciais dadas no nascimento...

Todos eles podem parecer culturais. Tradicionais. Inofensivos.

Mas o reino das trevas **se esconde na tradição**, e muitas crianças foram **secretamente iniciadas** antes mesmo de poderem dizer "Jesus".

História real – "O Rio me deu o nome"

No Haiti, um menino chamado Malick cresceu com um medo estranho de rios e tempestades. Quando criança, ele foi levado pela avó a um riacho para ser "apresentado aos espíritos" e receber proteção. Começou a ouvir vozes aos 7 anos. Aos 10, passou a ter visitas noturnas. Aos 14, tentou suicídio após sentir uma "presença" sempre ao seu lado.

Em uma reunião de libertação, os demônios se manifestaram violentamente, gritando: "Entramos no rio! Fomos chamados pelo nome!" Seu nome, "Malick", fazia parte de uma tradição espiritual de nomeação para "honrar a rainha do rio". Até ser renomeado em Cristo, o tormento continuou. Ele agora ministra libertação entre jovens presos em dedicatórias ancestrais.

Como acontece — As armadilhas ocultas

1. **Iniciais como alianças**
   Algumas iniciais, especialmente aquelas vinculadas a nomes ancestrais, deuses familiares ou divindades da água (por exemplo, "MM" = Mami/Marinho; "OL" = Oya/Linhagem de Orixá), agem como assinaturas demoníacas.
2. **Mergulhos infantis em rios/riachos**
   feitos "para proteção" ou "purificação", geralmente são **batismos em espíritos marinhos**.
3. **Cerimônias secretas de nomeação**
   Onde outro nome (diferente do público) é sussurrado ou falado diante de um altar ou santuário.
4. **Rituais de Marcas de Nascença**
   Óleos, cinzas ou sangue colocados na testa ou nos membros para "marcar" uma criança para os espíritos.
5. **Enterros de Cordões Umbilicais Alimentados por Água**
   Cordões umbilicais jogados em rios, córregos ou enterrados com encantamentos de água, amarrando a criança a altares de água.

Se seus pais não o aceitaram como parte de seu convênio com Cristo, é provável que outra pessoa o tenha reivindicado.

Práticas globais ocultas de vínculo uterino

- **África** – Dar nomes a bebês em homenagem a divindades do rio e enterrar cordões perto de altares marinhos.
- **Caribe/América Latina** – Rituais de batismo de santeria, dedicatórias no estilo iorubá com ervas e itens do rio.
- **Ásia** – Rituais hindus envolvendo água do Ganges, nomes astrologicamente calculados e vinculados a espíritos elementais.
- **Europa** – Tradições de nomenclatura druídicas ou esotéricas invocando guardiões da floresta/água.

- **América do Norte** – Dedicações rituais nativas, bênçãos modernas de bebês Wicca, cerimônias de nomeação da nova era invocando "guias antigos".

Como eu sei?

- Tormentos inexplicáveis na primeira infância, doenças ou "amigos imaginários"
- Sonhos com rios, sereias, sendo perseguido pela água
- Aversão a igrejas, mas fascínio por coisas místicas
- Uma profunda sensação de "estar sendo seguido" ou observado desde o nascimento
- Descobrir um segundo nome ou uma cerimônia desconhecida ligada à sua infância

Plano de Ação – Resgatar a Infância

1. **Pergunte ao Espírito Santo** : O que aconteceu quando nasci? Que mãos espirituais me tocaram?
2. **Renuncie a todas as dedicações ocultas** , mesmo que feitas por ignorância: "Rejeito qualquer aliança feita em meu nome que não seja com o Senhor Jesus Cristo."
3. **Rompa laços com nomes ancestrais, iniciais e símbolos** .
4. **Use Isaías 49:24–26, Colossenses 2:14 e 2 Coríntios 5:17** para declarar identidade em Cristo.
5. Se necessário, **realize uma cerimônia de reinauguração** — apresente-se (ou apresente seus filhos) a Deus novamente e declare novos nomes, se necessário.

APLICAÇÃO EM GRUPO

- Convide os participantes a pesquisar a história de seus nomes.
- Crie um espaço para renomeação espiritual, se necessário — permita

- que as pessoas reivindiquem nomes como "Davi", "Ester" ou identidades guiadas pelo espírito.
- Lidere o grupo em um *rebatismo simbólico* de dedicação — não imersão em água, mas unção e aliança baseada na palavra com Cristo.
- Peça aos pais que quebrem os convênios sobre seus filhos em oração: "Vocês pertencem a Jesus — nenhum espírito, rio ou laço ancestral tem qualquer fundamento legal".

Visão principal
Seu começo importa. Mas não precisa definir seu fim. Toda reivindicação de rio pode ser quebrada pelo rio do sangue de Jesus.

Diário de Reflexão

- Quais nomes ou iniciais me foram dados e o que eles significam?
- Houve algum ritual secreto ou cultural realizado no meu nascimento que eu precise renunciar?
- Eu realmente dediquei minha vida — meu corpo, alma, nome e identidade — ao Senhor Jesus Cristo?

Oração de Redenção
Pai Deus, venho diante de Ti em nome de Jesus. Renuncio a toda aliança, dedicação e ritual realizado em meu nascimento. Rejeito toda nomeação, iniciação na água e reivindicação ancestral. Seja por meio de iniciais, nomeação ou altares ocultos — anulo todo direito demoníaco à minha vida. Declaro agora que sou totalmente Teu. Meu nome está escrito no Livro da Vida. Meu passado está coberto pelo sangue de Jesus e minha identidade está selada pelo Espírito Santo. Amém.

DIA 40: DE ENTREGUE A LIBERTADOR — SUA DOR É SUA ORDENAÇÃO

"*Mas o povo que conhece a Deus se tornará forte e fará proezas.*" — Daniel 11:32

"*Então o Senhor suscitou juízes, que os livraram das mãos desses assaltantes.*" — Juízes 2:16

Você não foi liberto para ficar sentado em silêncio na igreja.

Você não foi liberto apenas para sobreviver. Você foi liberto **para libertar os outros**.

O mesmo Jesus que curou o endemoninhado em Marcos 5 o enviou de volta a Decápolis para contar a história. Sem seminário. Sem ordenação. Apenas um **testemunho ardente** e uma boca incendiada.

Você é esse homem. Essa mulher. Essa família. Essa nação.

A dor que você suportou agora é sua arma.

O tormento do qual você escapou é sua trombeta. O que o mantinha na escuridão agora se torna o **palco do seu domínio.**

História real – De noiva da Marinha a ministra da libertação

Rebecca, de Camarões, foi noiva de um espírito marinho. Ela foi iniciada aos 8 anos durante uma cerimônia de nomeação costeira. Aos 16, ela fazia sexo em sonhos, controlava homens com os olhos e já havia causado vários divórcios por meio de feitiçaria. Ela era conhecida como "a bela maldição".

Quando ela conheceu o evangelho na universidade, seus demônios se tornaram selvagens. Foram necessários seis meses de jejum, libertação e profundo discipulado antes que ela se libertasse.

Hoje, ela realiza conferências de libertação para mulheres em toda a África. Milhares foram libertadas graças à sua obediência.

E se ela tivesse permanecido em silêncio?

Ascensão Apostólica — Libertadores Globais Estão Nascendo

- **Na África**, ex-feiticeiros agora plantam igrejas.
- **Na Ásia**, ex-budistas pregam Cristo em casas secretas.
- **Na América Latina**, antigos padres da Santeria agora quebram altares.
- **Na Europa**, ex-ocultistas lideram estudos bíblicos expositivos on-line.
- **Na América do Norte**, sobreviventes das decepções da nova era estão liderando reuniões de libertação no Zoom semanalmente.

Eles são **os improváveis**, os quebrados, os antigos escravos da escuridão que agora marcham na luz — e **você é um deles**.

Plano de Ação Final – Entre em Sua Chamada

1. **Escreva seu testemunho** — mesmo que não ache que seja dramático. Alguém precisa da sua história de liberdade.
2. **Comece aos poucos** — Ore por um amigo. Organize um estudo bíblico. Compartilhe seu processo de libertação.
3. **Nunca pare de aprender** — Os libertadores permanecem na Palavra, permanecem arrependidos e permanecem atentos.
4. **Proteja sua família** — Declare diariamente que a escuridão termina com você e seus filhos.
5. **Declare zonas de guerra espiritual** — seu local de trabalho, sua casa, sua rua. Seja o guardião.

Comissionamento em Grupo

Hoje não é apenas uma devoção — é uma **cerimônia de comissionamento**.

- Unjam a cabeça uns dos outros com óleo e digam:

"Você foi entregue para libertar. Levanta-te, Juiz de Deus."

- Declare em voz alta para o grupo:

Não somos mais sobreviventes. Somos guerreiros. Carregamos a luz, e a escuridão treme.

- Designe pares de oração ou parceiros de responsabilidade para continuar crescendo em ousadia e impacto.

Visão principal
A maior vingança contra o reino das trevas não é apenas a liberdade. É a multiplicação.

Diário de Reflexão Final

- Qual foi o momento em que percebi que havia passado da escuridão para a luz?
- Quem precisa ouvir minha história?
- Por onde posso começar a iluminar intencionalmente esta semana?
- Estou disposto a ser ridicularizado, incompreendido e resistido — em nome da libertação dos outros?

Oração de Comissionamento
Pai Deus, eu Te agradeço por 40 dias de fogo, liberdade e verdade. Tu não me salvaste apenas para me abrigar — Tu me libertaste para libertar outros. Hoje, recebo este manto. Meu testemunho é uma espada. Minhas cicatrizes são armas. Minhas orações são martelos. Minha obediência é adoração. Agora ando em nome de Jesus — como um incendiário , um libertador, um portador da luz. Eu sou Teu. A escuridão não tem lugar em mim, nem ao meu redor. Eu assumo o meu lugar. Em nome de Jesus. Amém.

DECLARAÇÃO DIÁRIA DE LIBERTAÇÃO E DOMÍNIO DE 360° – Parte 1

"Nenhuma arma forjada contra você prosperará, e você condenará toda língua que se levantar contra você em julgamento. Esta é a herança dos servos do Senhor..." — Isaías 54:17

Hoje e todos os dias, assumo minha posição plena em Cristo — espírito, alma e corpo.

Eu fecho todas as portas — conhecidas e desconhecidas — para o reino das trevas.

Eu quebro todo contato, contrato, aliança ou comunhão com altares malignos, espíritos ancestrais, cônjuges espirituais, sociedades ocultas, bruxaria e alianças demoníacas — pelo sangue de Jesus!

Declaro que não estou à venda. Não sou acessível. Não sou recrutável. Não fui reiniciado.

Todo chamado satânico, vigilância espiritual ou invocação maligna — seja dissipado pelo fogo, em nome de Jesus!

Eu me uno à mente de Cristo, à vontade do Pai e à voz do Espírito Santo.

Eu caminho na luz, na verdade, no poder, na pureza e no propósito.

Eu fecho todo terceiro olho, portão psíquico e portal profano aberto por meio de sonhos, traumas, sexo, rituais, mídia ou falsos ensinamentos.

Que o fogo de Deus consuma todo depósito ilegal em minha alma, em nome de Jesus.

Eu falo com o ar, a terra, o mar, as estrelas e os céus — vocês não agirão contra mim.

Todo altar oculto, agente, observador ou demônio sussurrante designado contra minha vida, família, chamado ou território — seja desarmado e silenciado pelo sangue de Jesus!

Mergulho minha mente na Palavra de Deus.

Declaro que meus sonhos são santificados. Meus pensamentos são protegidos. Meu sono é sagrado. Meu corpo é um templo de fogo.

Deste momento em diante, caminho em libertação total — nada escondido, nada esquecido.

Toda escravidão persistente se rompe. Todo jugo geracional se despedaça. Todo pecado não arrependido é exposto e purificado.

Eu declaro:

- **A escuridão não tem domínio sobre mim.**
- **Minha casa é uma zona de incêndio.**
- **Meus portões estão selados em glória.**
- **Eu vivo em obediência e ando em poder.**

Eu me levanto como um libertador para a minha geração.

Não olharei para trás. Não voltarei. Eu sou luz. Eu sou fogo. Eu sou livre. Em nome poderoso de Jesus. Amém!

DECLARAÇÃO DIÁRIA DE LIBERTAÇÃO E DOMÍNIO 360° – Parte 2

Proteção contra bruxaria, feitiçaria, necromantes, médiuns e canais demoníacos

Libertação para si mesmo e para outros sob sua influência ou escravidão

Purificação e cobertura através do sangue de Jesus

Restauração da solidez, identidade e liberdade em Cristo

Proteção e Liberdade contra Bruxaria, Médiuns, Necromantes e Escravidão Espiritual

(Através do Sangue de Jesus e da Palavra do Nosso Testemunho)

"E eles o venceram pelo sangue do Cordeiro e pela palavra do seu testemunho..."

— *Apocalipse 12:11*

"O Senhor ... frustra os sinais dos falsos profetas e faz os adivinhadores de tolos ... confirma a palavra do seu servo e cumpre o conselho dos seus mensageiros."

— *Isaías 44:25–26*

"O Espírito do Senhor está sobre mim... para proclamar liberdade aos cativos e libertação aos presos..."

— *Lucas 4:18*

ORAÇÃO DE ABERTURA:

Pai Deus, venho com ousadia hoje pelo sangue de Jesus. Reconheço o poder do Teu nome e declaro que somente Tu és meu libertador e defensor. Permaneço como Teu servo e testemunha, e declaro a Tua Palavra com ousadia e autoridade hoje.

DECLARAÇÕES DE PROTEÇÃO E LIBERTAÇÃO

1. Libertação de bruxaria, médiuns, necromantes e influência espiritual:

- Eu **quebro e renuncio** a toda maldição, feitiço, adivinhação, encantamento, manipulação, monitoramento, projeção astral ou laço de alma — falado ou promulgado — por meio de bruxaria, necromancia, médiuns ou canais espirituais.
- Declaro que o **sangue de Jesus** é contra todo espírito imundo que busca prender, distrair, enganar ou manipular a mim ou à minha família .
- Eu ordeno que **toda interferência espiritual, possessão, opressão ou escravidão da alma** seja quebrada agora pela autoridade em nome de Jesus Cristo.
- Eu falo **de libertação para mim e para todas as pessoas, consciente ou inconscientemente, sob a influência de bruxaria ou luz falsa** . Saia agora! Seja livre, em nome de Jesus!
- Invoco o fogo de Deus para **queimar todo jugo espiritual, contrato satânico e altar** erguido no espírito para escravizar ou enredar nossos destinos.

"Não há encantamento contra Jacó, nem adivinhação contra Israel." — *Números 23:23*

2. Limpeza e proteção de si mesmo, das crianças e da família:

- Eu imploro o sangue de Jesus sobre minha **mente, alma, espírito, corpo, emoções, família, filhos e trabalho.**
- Eu declaro: eu e minha casa estamos **selados pelo Espírito Santo e escondidos com Cristo em Deus.**
- Nenhuma arma forjada contra nós prosperará. Toda língua que fala mal de nós será **julgada e silenciada** em nome de Jesus.
- Eu renuncio e expulso todo **espírito de medo, tormento, confusão, sedução ou controle** .

"Eu sou o Senhor, que desfaço os sinais dos mentirosos..." — *Isaías 44:25*

3. Restauração da identidade, propósito e mente sã:

- Eu recupero cada parte da minha alma e identidade que foi **negociada, aprisionada ou roubada** por meio de engano ou comprometimento espiritual.
- Eu declaro: tenho a **mente de Cristo** e ando em clareza, sabedoria e autoridade.
- Eu declaro: Estou **liberto de toda maldição geracional e feitiçaria doméstica**, e ando em aliança com o Senhor.

"Deus não me deu espírito de covardia, mas de poder, de amor e de moderação." — *2 Timóteo 1:7*

4. Cobertura diária e vitória em Cristo:

- Eu declaro: Hoje, caminho em **proteção divina, discernimento e paz**.
- O sangue de Jesus fala **coisas melhores** para mim: proteção, cura, autoridade e liberdade.
- Toda tarefa maligna estabelecida para este dia foi anulada. Eu caminho em vitória e triunfo em Cristo Jesus.

"Mil cairão ao meu lado, e dez mil à minha direita, mas eu não serei atingido..." — *Salmo 91:7*

DECLARAÇÃO FINAL E TESTEMUNHO:

"Eu supero toda forma de escuridão, bruxaria, necromancia, feitiçaria, manipulação psíquica, adulteração da alma e transferência espiritual maligna — não pela minha força, mas **pelo sangue de Jesus e pela Palavra do meu testemunho**."

"Eu declaro: **Estou liberto. Minha casa está liberto.** Todo jugo oculto está quebrado. Toda armadilha está exposta. Toda luz falsa está apagada. Eu ando em liberdade. Eu ando na verdade. Eu ando no poder do Espírito Santo."

"O Senhor confirma a palavra do Seu servo e executa o conselho do Seu mensageiro. Assim será neste dia e em todos os dias de agora em diante."

Em poderoso nome de Jesus, **Amém.**

REFERÊNCIAS DAS ESCRITURAS:

- Isaías 44:24–26
- Apocalipse 12:11
- Isaías 54:17
- Salmo 91
- Números 23:23
- Lucas 4:18
- Efésios 6:10–18
- Colossenses 3:3
- 2 Timóteo 1:7

DECLARAÇÃO DIÁRIA DE LIBERTAÇÃO E DOMÍNIO 360° - Parte 3

"*O Senhor é homem de guerra; Senhor é o seu nome.*" — Êxodo 15:3

"*Eles o venceram pelo sangue do Cordeiro e pela palavra do seu testemunho...*" — Apocalipse 12:11

Hoje, eu me levanto e tomo meu lugar em Cristo — sentado em lugares celestiais, muito acima de todos os principados, potestades, tronos, dominações e todo nome que é nomeado.

EU RENUNCIA

Eu renuncio a todo pacto, juramento ou iniciação conhecidos e desconhecidos:

- Maçonaria (1º ao 33º graus)
- Cabala e misticismo judaico
- Estrela do Oriente e Rosacruzes
- Ordens Jesuítas e Illuminati
- Irmandades satânicas e seitas luciferianas
- Espíritos marinhos e convênios submarinos
- Serpentes Kundalini, alinhamentos de chakras e ativações do terceiro olho
- Engano da Nova Era, Reiki, ioga cristã e viagem astral
- Bruxaria, feitiçaria, necromancia e contratos astrais
- Laços ocultos da alma por meio do sexo, rituais e pactos secretos
- Juramentos maçônicos sobre minha linhagem e sacerdócios ancestrais

Eu corto todo cordão umbilical espiritual para:

- Altares de sangue antigos
- Falso fogo profético

- Esposas espirituais e invasores de sonhos
- Geometria sagrada, códigos de luz e doutrinas de leis universais
- Falsos cristos , espíritos familiares e espíritos santos falsificados

Que o sangue de Jesus fale por mim. Que todo contrato seja rompido. Que todo altar seja destruído. Que toda identidade demoníaca seja apagada — agora!

EU DECLARO

Eu declaro:

- Meu corpo é um templo vivo do Espírito Santo.
- Minha mente está protegida pelo capacete da salvação.
- Minha alma é santificada diariamente pela lavagem da Palavra.
- Meu sangue é purificado pelo Calvário.
- Meus sonhos estão selados em luz.
- Meu nome está escrito no Livro da Vida do Cordeiro — não em nenhum registro, loja, diário de bordo, pergaminho ou selo oculto!

EU COMANDO

Eu comando:

- Todo agente da escuridão — observadores, monitores, projetores astrais — deve ser cegado e disperso.
- Todas as amarras ao submundo, ao mundo marinho e ao plano astral — sejam quebradas!
- Toda marca escura, implante, ferida ritual ou marcação espiritual — seja purificada pelo fogo!
- Todo espírito familiar sussurrando mentiras — seja silenciado agora!

EU DESENGATEI

Eu me desvinculo de:

- Todas as linhas do tempo demoníacas, prisões de alma e gaiolas espirituais
- Todas as classificações e graus da sociedade secreta

- Todos os falsos mantos, tronos ou coroas que usei
- Toda identidade não criada por Deus
- Toda aliança, amizade ou relacionamento fortalecido por sistemas obscuros

EU ESTABELEÇO

Eu estabeleço:

- Um muro de glória ao redor de mim e da minha família
- Santos anjos em cada portão, portal, janela e caminho
- Pureza na minha mídia, música, memórias e mente
- Verdade em minhas amizades, ministério, casamento e missão
- Comunhão ininterrupta com o Espírito Santo

EU ME ENVIO

Eu me submeto totalmente a Jesus Cristo —
O Cordeiro que foi morto, o Rei que governa, o Leão que ruge.
Eu escolho a luz. Eu escolho a verdade. Eu escolho a obediência.
Eu não pertenço aos reinos tenebrosos deste mundo.
Pertenço ao Reino do nosso Deus e do Seu Cristo.

EU AVISO O INIMIGO

Por meio desta declaração, notifico:

- Cada principado de alto escalão
- Todo espírito governante sobre cidades, linhagens e nações
- Todo viajante astral, bruxa, bruxo ou estrela caída...

Sou propriedade intocável.

Meu nome não está em seus arquivos. Minha alma não está à venda. Meus sonhos estão sob seu comando. Meu corpo não é seu templo. Meu futuro não é seu playground. Não retornarei à escravidão. Não repetirei ciclos ancestrais. Não carregarei fogo estranho. Não serei um local de descanso para serpentes.

EU SELO

Selo esta declaração com:

- O sangue de Jesus
- O fogo do Espírito Santo
- A autoridade da Palavra
- A unidade do Corpo de Cristo
- O som do meu testemunho

Em nome de Jesus, Amém e Amém

CONCLUSÃO: DA SOBREVIVÊNCIA À FILIAÇÃO — PERMANECENDO LIVRE, VINDO LIVRE, LIBERTANDO OS OUTROS

"Permaneçam, pois, firmes na liberdade com que Cristo nos libertou, e não se deixem prender novamente ao jugo da escravidão." — Gálatas 5:1

"Ele os tirou das trevas e da sombra da morte, e quebrou as suas cadeias." — Salmo 107:14

Esses 40 dias nunca foram apenas sobre conhecimento. Eles foram sobre **guerra**, **despertar** e **caminhar em domínio**.

Você viu como o reino das trevas opera — sutilmente, geracionalmente, às vezes abertamente. Você viajou por portais ancestrais, reinos oníricos, pactos ocultistas, rituais globais e tormento espiritual. Você encontrou testemunhos de dor inimaginável — mas também **de libertação radical**. Você quebrou altares, renunciou a mentiras e confrontou coisas que muitos púlpitos têm medo de nomear.

MAS ESTE NÃO É O FIM.

Agora começa a verdadeira jornada: **manter a sua liberdade. Viver no Espírito. Ensinar aos outros a saída.**

É fácil passar por 40 dias de fogo e retornar ao Egito. É fácil derrubar altares apenas para reconstruí-los na solidão, na luxúria ou na fadiga espiritual.

Não.

Você não é mais **escravo das bicicletas**. Você é um **vigia** na muralha. Um **guardião** da sua família. Um **guerreiro** da sua cidade. Uma **voz** para as nações.

7 CARGAS FINAIS PARA AQUELES QUE ANDARÃO EM DOMÍNIO

1. **Guarde seus portões.**

Não reabra as portas espirituais por meio de concessões, rebelião, relacionamentos ou curiosidade.
"Não deem lugar ao diabo." — Efésios 4:27

2. **Discipline seu apetite.**
O jejum deve fazer parte do seu ritmo mensal. Ele realinha a alma e mantém a carne submissa.

3. **Comprometa-se com a pureza**
emocional, sexual, verbal, visual. A impureza é a porta número um que os demônios usam para voltar a rastejar.

4. **Domine a Palavra. A**
Escritura não é opcional. Ela é sua espada, escudo e pão de cada dia.
"Habite, ricamente, em vós a palavra de Cristo..." (Cl 3:16)

5. **Encontre sua tribo.**
A libertação nunca foi feita para ser vivida sozinha. Construa, sirva e cure em uma comunidade cheia do Espírito.

6. **Aceite o sofrimento.**
Sim — sofrimento. Nem todo tormento é demoníaco. Alguns são santificadores. Caminhe por ele. A glória está à sua frente.
"Depois de terem sofrido por um pouco... Ele os fortalecerá, os fortalecerá e os estabelecerá." — 1 Pedro 5:10

7. **Ensine aos outros.**
Você recebeu de graça — agora dê de graça. Ajude os outros a receberem de graça. Comece com sua casa, seu círculo social, sua igreja.

DE ENTREGUE AO DISCÍPULO

Este devocional é um clamor global — não apenas por cura, mas para que um exército se levante.

É **hora de pastores** que sentem o cheiro da guerra.

É **hora de profetas** que não recuam diante das serpentes.

É **hora de mães e pais** que rompem pactos geracionais e constroem altares da verdade.

É **hora de as nações** serem avisadas e de a Igreja não mais se calar.

VOCÊ É A DIFERENÇA

Para onde você vai a partir daqui importa. O que você carrega importa. A escuridão da qual você foi tirado é o próprio território sobre o qual você agora tem autoridade.

A libertação era seu direito de nascença. O domínio é seu manto.

Agora ande nela.

ORAÇÃO FINAL

Senhor Jesus, obrigado por caminhar comigo nestes 40 dias. Obrigado por expor a escuridão, quebrar as correntes e me chamar para um lugar mais alto. Eu me recuso a voltar atrás. Eu quebro todos os acordos com medo, dúvida e fracasso. Recebo minha designação para o reino com ousadia. Usa-me para libertar outros. Enche-me com o Espírito Santo diariamente. Que minha vida se torne uma arma de luz — na minha família, na minha nação, no Corpo de Cristo. Não ficarei em silêncio. Não serei derrotado. Não desistirei. Eu caminho das trevas para o domínio. Para sempre. Em nome de Jesus. Amém.

Como nascer de novo e começar uma nova vida com Cristo

Talvez você já tenha caminhado com Jesus antes, ou talvez tenha O conhecido recentemente, nestes 40 dias. Mas agora, algo dentro de você está se agitando.

Você está pronto para mais do que religião.

Você está pronto para **um relacionamento**.

Você está pronto para dizer: "Jesus, eu preciso de Ti".

Aqui está a verdade:

"Pois todos pecaram; todos nós estamos aquém da glória de Deus... mas Deus, em sua graça, nos justifica gratuitamente."

— Romanos 3:23–24 (NLT)

Você não pode conquistar a salvação.

Você não pode se consertar. Mas Jesus já pagou o preço integral — e Ele está esperando para recebê-lo em casa.

Como Nascer de Novo

NASCER DE NOVO SIGNIFICA entregar sua vida a Jesus — aceitar Seu perdão, crer que Ele morreu e ressuscitou e recebê-Lo como seu Senhor e Salvador.

É simples. É poderoso. Muda tudo.

Ore isto em voz alta:

SENHOR JESUS, EU CREIO que és o Filho de Deus.
  Creio que morreste pelos meus pecados e ressuscitaste.
  Confesso que pequei e preciso do Teu perdão.
  Hoje, arrependo-me e abandono os meus velhos caminhos.
  Convido-te a entrar na minha vida para seres o meu Senhor e Salvador.

Lava-me. Enche-me com o Teu Espírito.
Declaro que nasci de novo, sou perdoado e livre.
Deste dia em diante, seguirei-Te —
e viverei nos Teus passos.
Obrigado por me salvares. Em nome de Jesus, amém.

Próximos passos após a salvação

1. **Conte a alguém** – Compartilhe sua decisão com um crente em quem você confia.
2. **Encontre uma Igreja Baseada na Bíblia** – Junte-se a uma comunidade que ensina a Palavra de Deus e a pratica. Visite o Ministério Águia de Deus online em https://www.otakada.org [1] ou https://chat.whatsapp.com/H67spSun32DDTma8TLh0ov
3. **Seja batizado** – Dê o próximo passo publicamente para declarar sua fé.
4. **Leia a Bíblia diariamente** – Comece com o Evangelho de João.
5. **Ore todos os dias** – Fale com Deus como um amigo e Pai.
6. **Mantenha-se conectado** – Cerque-se de pessoas que incentivam sua nova caminhada.
7. **Inicie um processo de discipulado dentro da comunidade** – Desenvolva um relacionamento individual com Jesus Cristo por meio desses links

Discipulado de 40 dias 1 - https://www.otakada.org/get-free-40-days-online-discipleship-course-in-a-journey-with-jesus/

40 Discipulado 2 - https://www.otakada.org/get-free-40-days-dna-of-discipleship-journey-with-jesus-series-2/

---

1. https://www.otakada.org

Meu Momento de Salvação

Data: _____
    Assinatura: _____

"*Se alguém está em Cristo, nova criatura é; as coisas velhas já passaram; eis que se fizeram novas!*"
    — 2 Coríntios 5:17

Certificado de Nova Vida em Cristo

Declaração de Salvação – Nascido de Novo pela Graça

Isto certifica que

_____

(NOME COMPLETO)

  declarou publicamente **sua fé em Jesus Cristo** como Senhor e Salvador e recebeu o dom gratuito da salvação por meio de Sua morte e ressurreição.

  "Se você confessar abertamente que Jesus é Senhor e crer em seu coração que Deus o ressuscitou dentre os mortos, você será salvo."
  — Romanos 10:9 (NLT)

  Neste dia, o céu se alegra e uma nova jornada começa.

Data da decisão : _____

Assinatura : _____

Declaração de Salvação

HOJE, ENTREGO MINHA vida a Jesus Cristo.

  Creio que Ele morreu pelos meus pecados e ressuscitou. Eu O recebo como meu Senhor e Salvador. Sou perdoado, nasci de novo e me tornei novo. Deste momento em diante, andarei em Seus passos.

Bem-vindo à Família de Deus!

SEU NOME ESTÁ ESCRITO no Livro da Vida do Cordeiro.

  Sua história está apenas começando — e é eterna.

CONECTE-SE COM OS MINISTÉRIOS GOD'S EAGLE

- Site: www.otakada.org[1]
- Série Riqueza Além da Preocupação: www.wealthbeyondworryseries.com[2]
- E-mail: ambassador@otakada.org

- **Apoie este trabalho:**

Apoie projetos do reino, missões e recursos globais gratuitos por meio de doações conduzidas por convênios.
   Escaneie o código QR para doar
   https://tithe.ly/give?c=308311
Sua generosidade nos ajuda a alcançar mais almas, traduzir recursos, apoiar missionários e construir sistemas de discipulado globalmente. Obrigado!

---

1. https://www.otakada.org
2. https://www.wealthbeyondworryseries.com

3. JUNTE-SE À NOSSA comunidade do WhatsApp Covenant

Receba atualizações, conteúdo devocional e conecte-se com crentes que pensam em aliança no mundo todo.

Escaneie para entrar
https://chat.whatsapp.com/H67spSun32DDTma8TLh0ov

LIVROS E RECURSOS RECOMENDADOS

- *Libertado do Poder das Trevas* (**Brochura**) — Compre aqui [1] | E-book [2] na Amazon[3]

- **Principais avaliações dos Estados Unidos:**
    - **Cliente Kindle** : "A melhor leitura cristã de todos os tempos!" (5 estrelas)

---

1. https://shop.ingramspark.com/b/084?params=oeYbAkVTC5ao8PfdVdzwko7wi6IQimgJY2779NaqG4e
2. https://www.amazon.com/Delivered-Power-Darkness-AFRICAN-DELIVERED-ebook/dp/B0CC5MM4MV
3. https://www.amazon.com/Delivered-Power-Darkness-AFRICAN-DELIVERED-ebook/dp/B0CC5MM4MV

LOUVADO SEJA JESUS por este testemunho. Tenho sido tão abençoado e recomendo a todos que leiam este livro... Pois o salário do pecado é a morte, mas o dom gratuito de Deus é a vida eterna. Shalom! Shalom!

- **Da Gster** : "Este é um livro muito interessante e um tanto estranho." (5 estrelas)

Se o que é dito no livro for verdade, então estamos realmente muito atrasados em relação ao que o inimigo é capaz de fazer! ... Essencial para qualquer um que queira aprender sobre guerra espiritual.

- **Visa** : "Adorei este livro" (5 estrelas)

Isso é revelador... uma confissão verdadeira... Ultimamente, tenho procurado por ele em todos os lugares para comprá-lo. Estou muito feliz por tê-lo adquirido na Amazon.

- **FrankJM** : "Bastante diferente" (4 estrelas)

Este livro me lembra o quão real é a guerra espiritual. Também me lembra o motivo de vestir a "Armadura Completa de Deus".

- **JenJen** : "Todos que querem ir para o céu, leiam isto!" (5 estrelas)

Este livro mudou muito a minha vida. Junto com o testemunho de John Ramirez, ele fará você olhar para a sua fé de uma forma diferente. Já o li 6 vezes!

- *Ex-Satanista: A Troca de James* (Brochura) — Compre aqui [4] | E-book [5] na Amazon [6]

---

4. https://shop.ingramspark.com/b/084?params=I2HNGtbqJRbal8OxU3RMTApQsLLxcUCTC8zUdzDy0W1

5. https://www.amazon.com/JAMESES-Exchange-Testimony-High-Ranking-Encounters-ebook/dp/B0DJP14JLH

6. https://www.amazon.com/JAMESES-Exchange-Testimony-High-Ranking-Encounters-ebook/dp/B0DJP14JLH

- **TESTEMUNHO DE UM EX-SATANISTA** *Africano* - *Pastor JONAS LUKUNTU MPALA* (Brochura) — Compre aqui [7]| E-book [8]na Amazon[9]

- *Greater Exploits 14* (Brochura) — Compre aqui [10]| E-book [11]na Amazon[12]

---

7. https://shop.ingramspark.com/b/
084?params=0Aj9Sze4cYoLM5OqWrD20kgknXQQqO5AZYXcWtoMqWN

8. https://www.amazon.com/TESTIMONY-African-EX-SATANIST-Pastor-Jonas-ebook/dp/
B0DJDLFKNR

9. https://www.amazon.com/TESTIMONY-African-EX-SATANIST-Pastor-Jonas-ebook/dp/
B0DJDLFKNR

10. https://shop.ingramspark.com/b/084?params=772LXinQn9nCWcgq572PDsqPjkTJmpgSqrp88b0qzKb

11. https://www.amazon.com/Greater-Exploits-MYSTERIOUS-Strategies-Countermeasures-ebook/dp/
B0CGHYPZ8V

12. https://www.amazon.com/Greater-Exploits-MYSTERIOUS-Strategies-Countermeasures-ebook/dp/
B0CGHYPZ8V

- *Do Caldeirão do Diabo*, de John Ramirez — Disponível na Amazon[13]
- *Ele Veio para Libertar os Cativos* por Rebecca Brown — Encontre na Amazon[14]

Outros livros publicados pelo autor – Mais de 500 títulos
Amado, Escolhido e Inteiro: Uma Jornada de 30 Dias da Rejeição à **Restauração**, traduzido para 40 idiomas do mundo
https://www.amazon.com/Loved-Chosen-Whole-Rejection-Restoration-ebook/dp/B0F9VSD8WL
https://shop.ingramspark.com/b/084?params=xga0WR16muFUwCoeMUBHQ6HwYjddLGpugQHb3DVa5hE

---

13. https://www.amazon.com/Out-Devils-Cauldron-John-Ramirez/dp/0985604306
14. https://www.amazon.com/He-Came-Set-Captives-Free/dp/0883683239

Em Seus Passos — Um Desafio WWJD de 40 Dias:
Vivendo como Jesus em histórias reais ao redor do mundo
https://www.amazon.com/His-Steps-Challenge-Real-Life-Stories-ebook/dp/B0FCYTL5MG
https://shop.ingramspark.com/b/084?params=DuNTWS59IbkvSKtGFbCbEFdv3Zg0FaITUEvlK49yLzB

JESUS À PORTA:
40 histórias de partir o coração e o aviso final do céu para as igrejas de HOJE

https://www.amazon.com/dp/B0FDX31L9F

https://shop.ingramspark.com/b/084?params=TpdA5j8WPvw83glJ12N1B3nf8LQte2a1lIEy32bHcGg

VIDA DE ALIANÇA: 40 Dias de Caminhada na Bênção de Deuteronômio 28

- https://www.amazon.com/dp/B0FFJCLDB5

Histórias de pessoas reais, obediência real e realidade
https://shop.ingramspark.com/b/084?params=bH3pzfz1zdCOLpbs7tZYJNYgGcYfU32VMz3J3a4e2Qt

Transformação em mais de 20 idiomas

CONHECENDO-A E CONHECENDO-O:
40 dias para cura, compreensão e amor duradouro

HTTPS://WWW.AMAZON.com/KNOWING-HER-HIM-Healing-Understanding-ebook/dp/B0FGC4V3D9[15]

https://shop.ingramspark.com/b/084?params=vC6KCLoI7Nnum24BVmBtSme9i6k59p3oynaZOY4B9Rd

COMPLETE, NÃO COMPETA:
Uma jornada de 40 dias rumo ao propósito, unidade e colaboração

---

15. https://www.amazon.com/KNOWING-HER-HIM-Healing-Understanding-ebook/dp/B0FGC4V3D9

HTTPS://SHOP.INGRAMSPARK.com/b/084?params=5E4v1tHgeTqOOuEtfTYUzZDzLyXLee30cqYo0Ov9941[16]
https://www.amazon.com/COMPLETE-NOT-COMPETE-Journey-Collaboration-ebook/dp/B0FGGL1XSQ/

CÓDIGO DE SAÚDE DIVINO - 40 Chaves Diárias para Ativar a Cura por meio da Palavra de Deus e da Criação. Libere o Poder de Cura das Plantas, da Oração e da Ação Profética.

---

16. https://shop.ingramspark.com/b/084?params=5E4v1tHgeTqOOuEtfTYUzZDzLyXLee30cqYo0Ov9941

https://shop.ingramspark.com/b/
084?params=xkZMrYcEHnrJDhe1wuHHYixZDViiArCeJ6PbNMTbTux
https://www.amazon.com/dp/B0FHJT42TK

OUTROS LIVROS PODEM ser encontrados na página do autor
https://www.amazon.com/stores/Ambassador-Monday-O.-Ogbe/author/
B07MSBPFNX

APÊNDICE (1-6): RECURSOS PARA MANTER A LIBERDADE E UMA LIBERTAÇÃO MAIS PROFUNDA

APÊNDICE 1: Oração para discernir bruxaria oculta, práticas ocultas ou altares estranhos na Igreja

"*Filho do homem, você vê o que eles estão fazendo nas trevas...?*" — Ezequiel 8:12

"*E não vos associeis às obras infrutíferas das trevas; antes, condenai-as.*" — Efésios 5:11

Oração por Discernimento e Exposição:

Senhor Jesus, abre meus olhos para que eu veja o que Tu vês. Que todo fogo estranho, todo altar secreto, toda operação ocultista escondida atrás de púlpitos, bancos ou práticas sejam expostos. Remove os véus. Revela a idolatria disfarçada de adoração, a manipulação disfarçada de profecia e a perversão disfarçada de graça. Purifica minha assembleia local. Se eu fizer parte de uma comunidade comprometida, guia-me à segurança. Ergue altares puros. Mãos limpas. Corações santos. Em nome de Jesus. Amém.

APÊNDICE 2: Protocolo de Renúncia e Limpeza da Mídia

"*Não porei coisa má diante dos meus olhos...*" — Salmo 101:3

Passos para limpar sua vida na mídia:

1. **Audite** tudo: filmes, músicas, jogos, livros, plataformas.
2. **Pergunte:** Isso glorifica a Deus? Abre portas para a escuridão (por exemplo, terror, luxúria, bruxaria, temas violentos ou da nova era)?
3. **Renunciar** :

"Renuncio a todo portal demoníaco aberto por meios profanos. Desconecto minha alma de todos os laços com celebridades, criadores, personagens e histórias potencializadas pelo inimigo."

1. **Excluir e destruir** : remova conteúdo física e digitalmente.
2. **Substitua** por alternativas piedosas — adoração, ensinamentos, testemunhos, filmes saudáveis.

APÊNDICE 3: Maçonaria, Cabala, Kundalini, Bruxaria, Script de Renúncia Oculta

"*Não participem das obras infrutíferas das trevas...*" — Efésios 5:11

Diga em voz alta:

Em nome de Jesus Cristo, renuncio a todo juramento, ritual, símbolo e iniciação em qualquer sociedade secreta ou ordem oculta — consciente ou inconscientemente. Rejeito todos os vínculos com:

- **Maçonaria** – Todos os graus, símbolos, juramentos de sangue, maldições e idolatria.
- **Cabala** – misticismo judaico, leituras do Zohar, invocações da árvore da vida ou magia angelical.
- **Kundalini** – Abertura do terceiro olho, despertares de ioga, fogo serpentino e alinhamentos de chakras.
- **Bruxaria e Nova Era** – Astrologia, tarô, cristais, rituais lunares, viagem da alma, reiki, magia branca ou negra.
- **Rosacruzes , Illuminati, Caveira e Ossos, Juramentos Jesuítas, Ordens Druidas, Satanismo, Espiritismo, Santeria, Voodoo, Wicca, Thelema, Gnosticismo, Mistérios Egípcios, Ritos Babilônicos.**

Anulo toda aliança feita em meu nome. Corto todos os laços em minha linhagem, em meus sonhos ou através de laços de alma. Entrego todo o meu ser ao Senhor Jesus Cristo — espírito, alma e corpo. Que todo portal demoníaco seja fechado permanentemente pelo sangue do Cordeiro. Que meu nome seja purificado de todo registro obscuro. Amém.

APÊNDICE 4: Guia de Ativação do Óleo de Unção

"*Está alguém entre vocês aflito? Que ore. Está alguém doente entre vocês? Que chamem os anciãos... ungindo-o com óleo em nome do Senhor.*" — Tiago 5:13–14

Como usar óleo de unção para libertação e domínio:

- **Testa** : Renovando a mente.
- **Ouvidos** : Discernir a voz de Deus.
- **Barriga** : Limpeza da sede das emoções e do espírito.
- **Pés** : Caminhando em direção ao destino divino.
- **Portas/Janelas** : Fechando portões espirituais e limpando lares.

Declaração durante a unção:

"Eu santifico este espaço e vaso com o óleo do Espírito Santo. Nenhum demônio tem acesso legal aqui. Que a glória do Senhor habite neste lugar."

APÊNDICE 5: Renúncia ao Terceiro Olho e à Visão Sobrenatural de Fontes Ocultas

Diga em voz alta:

Em nome de Jesus Cristo, renuncio a toda abertura do meu terceiro olho — seja por trauma, ioga, viagem astral, psicodélicos ou manipulação espiritual. Peço a Ti, Senhor, que feches todos os portais ilegais e os seles pelo sangue de Jesus. Libero toda visão, percepção ou habilidade sobrenatural que não tenha vindo do Espírito Santo. Que todo observador demoníaco, projetor astral ou entidade que me monitora seja cegado e aprisionado em nome de Jesus. Escolho a pureza em vez do poder, a intimidade em vez da percepção. Amém.

APÊNDICE 6: Recursos em vídeo com testemunhos para crescimento espiritual

1) comece com 1,5 minuto - https://www.youtube.com/watch?v=CbFRdraValc

2) https://youtu.be/b6WBHAcwN0k?si=ZUPHzhDVnn1PPIEG

3) https://youtu.be/XvcqdbEIO1M?si=GBlXg-cO-7f09cR[1]

4) https://youtu.be/jSm4r5oEKjE?si=1Z0CPgA33S0Mfvyt

5) https://youtu.be/B2VYQ2-5CQ8?si=9MPNQuA2f2rNtNMH

6) https://youtu.be/MxY2gJzYO-U?si=tr6EMQ6kcKyjkYRs

7) https://youtu.be/ZW0dJAsfJD8?si=Dz0b44I53W_Fz73A

8) https://youtu.be/q6_xMzsj_WA?si=ZTotYKo6Xax9nCWK

9) https://youtu.be/c2ioRBNriG8?si=JDwXwxhe3jZlej1U

10) https://youtu.be/8PqGMMtbAyo?si=UqK_S_hiyJ7rEGz1

11) https://youtu.be/rJXu4RkqvHQ?si=yaRAA_6KIxjm0eOX

12) https://youtu.be/nS_Insp7i_Y?si=ASKLVs6iYdZToLKH

13) https://youtu.be/-EU83j_eXac?si=-jG4StQOw7S0aNaL

14) https://youtu.be/_r4Jyzs2EDk?si=tldAtKOB_3-J_j_C

15) https://youtu.be/KiiUPLaV7xQ?si=I4x7aVmbgbrtXF_S

16) https://youtu.be/68m037cPEu0?si=XpuyyEzGfK1qWYRt

17) https://youtu.be/z4zlp9_aRQg?si=DR3lDYTt632E96a6

18) https://youtube.com/shorts/H_90n-QZU5Q?si=uLPScVXm81DqU6ds

---

1. https://youtu.be/XvcqdbEIO1M?si=GBlXg-c-O-7f09cR

AVISO FINAL: Você não pode brincar com isso

Libertação não é entretenimento. É guerra.
    Renúncia sem arrependimento é apenas barulho. Curiosidade não é o mesmo que vocação. Há coisas das quais você não se recupera casualmente.
    Então calcule o custo. Ande em pureza. Guarde seus portões.
    Porque demônios não respeitam barulho — apenas autoridade.

www.ingramcontent.com/pod-product-compliance
Lightning Source LLC
Chambersburg PA
CBHW050340010526
44119CB00049B/624